本书为作者在首都经济贸易大学博士后工作站工作期间的研究成果

专利联盟的“三大基本问题”研究

马大明◎著

知识产权出版社
全国百佳图书出版单位

图书在版编目（CIP）数据

专利联盟的“三大基本问题”研究 / 马大明著．—北京：知识产权出版社，2016.10
ISBN 978－7－5130－4536－0

Ⅰ．①专…　Ⅱ．①马…　Ⅲ．①企业管理—专利—管理—研究　Ⅳ．①G306.3 ②F270

中国版本图书馆 CIP 数据核字（2016）第 256382 号

内容提要

本书围绕“竞争效应”“创新效应”“联盟形成”等专利联盟研究的“三大基本问题”，进行深入研究，从不同切入点构建博弈模型，并结合我国实际提出建议，为我国有关部门制定合理有效的专利联盟政策提供参考。

本书首先对国内外专利联盟的研究进行系统的梳理和评述，并分析专利联盟研究现实基础的专利丛林；其次分别从专利联盟的内部规则和外部市场的产品关系两个角度，分析专利联盟的竞争效应；再次分别从序贯创新和累进创新两个角度，分析专利联盟的创新效应；最后探讨影响专利联盟形成的条件和因素，给出联盟形成困境的解决方案。

本书的研究将对我国专利联盟实践起到借鉴作用。

本书适合知识产权领域的从业人员、研究人员和管理人员及感兴趣的读者阅读、参考。

责任编辑：荆成恭　　　　**责任出版**：卢运霞
封面设计：京华诚信

专利联盟的“三大基本问题”研究
马大明　著

出版发行：	知识产权出版社有限责任公司	网　　址：	http://www.ipph.cn
社　　址：	北京市海淀区西外太平庄 55 号	邮　　编：	100081
责编电话：	010－82000860 转 8341	责编邮箱：	jingchenggong@cnipr.com
发行电话：	010－82000860 转 8101/8102	发行传真：	010－82000893/82005070/82000270
印　　刷：	北京中献拓方科技发展有限公司	经　　销：	各大网上书店、新华书店及相关专业书店
开　　本：	720mm×1000mm　1/16	印　　张：	10.75
版　　次：	2016 年 10 月第 1 版	印　　次：	2016 年 10 月第 1 次印刷
字　　数：	172 千字	定　　价：	38.00 元

ISBN 978－7－5130－4536－0

前　言

高新技术产业对世界经济发展的贡献越来越大，已成为知识经济时代的支柱产业。但20世纪90年代以来，半导体、生物科技、通信等高新技术产业中片断化和重叠专利犹如洪水般泛滥，生成了密集的专利丛林。专利联盟是专利权人授权联盟管理机构营销及打包许可其知识产权的联合组织，它将离散的专利打包在一起，为专利丛林问题提供了最直接的解决方案。当前专利联盟的产业影响逐渐增强，正日趋成为高新技术产业化发展的主导范式，并引起了学界和业界的普遍关注。在我国DVD产业被DVD3C、DVD6C、MPEG等专利联盟收取高额许可费后，政府和企业也清晰地认识到，专利联盟对我国高新技术产业的健康发展存在巨大影响，加强专利联盟建设对提高我国高新技术产业的国际竞争力有重大现实意义。

本书围绕“竞争效应”“创新效应”“联盟形成”等专利联盟研究的“三大基本问题”，从不同切入点构建博弈模型，系统讨论了专利联盟的本质，并结合我国实际提出建议，为我国制定合理有效的专利联盟政策提供支持。围绕这三方面问题，本书的研究工作和内容主要体现在以下五个方面。

1. 对国内外专利联盟“三大基本问题”的研究进行了系统的梳理和评述

专利联盟的竞争效应、创新效应和联盟形成问题，是专利联盟在学术研究中的基本界域，也是各国公共政策关注的核心问题。本书系统介绍了国内外最具影响和代表性的理论模型，分别对相关研究的脉络进行了梳理和评述，并就可能的研究发展方向提出了几点展望。以期把握专利联盟理论及各国政策演变趋势，为我国有关部门制定专利联盟政策提供参考，推动专利联盟实践的发展。

2. 作为专利联盟研究的现实基础，全方位分析了专利丛林问题

首先，从产生、发展、影响等三个角度分析了专利丛林问题。结果表明：专利丛林产生的根本原因是当前技术复杂化趋势，而且专利丛林问题是一个自我强化的系统，个体的理性应对会造成进一步严重化的结果；专利丛林在事前会抑制研发投资，在事后会放大专利权人的垄断力量，削弱市场竞争并损害社会福利，由此对市场效率产生很强的负面作用。其次，评介了片段化指标、网络密度与三角阻碍等三种专利丛林度量方法；最后，提出了专利丛林问题的对策，并指出建立专利联盟是解决专利丛林问题的根本方法。

3. 分别从专利联盟内部规则和外部市场的产品关系两个角度分析专利联盟的竞争效应

基于互补专利联盟模型，引入定价权分配这一重要内部规则的考虑，分析联盟定价权分配对社会福利的影响，并给出有效率的联盟定价权分配规则。结论表明：相对于无联盟情况，互补专利联盟总会提高社会福利；定价权由纵向一体化企业掌握的联盟能够更大幅度提高社会福利，但有可能无法形成；相反，定价权由专业 R&D 企业掌握的联盟提高社会福利的作用较弱，但联盟形成不受市场条件影响。

针对“上游许可专利，下游生产差异化产品”的纵向市场，构建了同时描述上游专利关系和下游产品关系的动态博弈模型，得出专利联盟提高社会福利的充要条件。结果表明，当且仅当上游专利的互补程度足够高时联盟才能够提高社会福利水平，但联盟总会提高专利权人的利润。在此模型基础上，进一步分析了许可费形式及企业横向、纵向一体化等条件下的竞争效应。

4. 分别从序贯创新和累进创新两个角度，分析专利联盟的创新效应

在序贯专利竞赛背景下构建了博弈模型，比较不同情况下企业研发投资和专利许可行为，得出联盟对各阶段研发强度的影响。结果表明，不受专利关系的影响，专利联盟总会提高各阶段研发强度，因此是鼓励创新的；且联盟能抑制领先者垄断市场的动机，提高外部参与者研发投资积极性；但仅当专利互补程度足够高时，联盟才能长期提高社会福利。

针对累进创新条件下专利联盟对研发投资的影响，构建了一个企业研发投资随已产生专利数量变动的动态模型，得出联盟对企业各阶段均衡研发投资的影响，并分析了许可费率及规模的影响。结果表明，联盟的存在解决了专利丛林问题，在联盟形成前使各企业均衡投资水平逐渐提高，并在联盟形成后使企业保持稳定的研发投资动机；许可费率越高（低）则被许可企业的均衡研发投资水平越低（高），而联盟存在一个最优许可费率，使成员专利价值和研发投资达到最大化；规模较大的联盟对潜在成员的研发激励效果更持久，规模较小的联盟对潜在成员的研发激励效果更强劲。

5. 探讨影响联盟形成的条件和因素，并给出一个联盟形成困境的解决方案

从专利权人的有限理性和重复博弈角度出发分析了专利联盟的形成，分别建立对称与非对称专利联盟形成的进化博弈模型。结果表明：专利联盟更容易在弹性高、竞争激烈的市场环境中形成；与事实标准建立以后相比，在事前组建的专利联盟形成可能性更大；通过多方途径保护和提高加入联盟的专利权人的利润，并抑制阻碍联盟的专利权人的利润，是促进联盟形成的关键；与专业R&D企业相比，纵向一体化企业有更强的动机加入联盟。同时，健全与完善相关法规及配套服务，对联盟形成也是有益的。

将专利联盟纳入公共产品的范畴分析，给出联盟“形成困境”问题的解

决方案。首先，从本质和技术界定两个层面分析了专利联盟的公共产品属性，证明专利联盟是一种公共产品；其次，设计了一个 G－C 机制，它使专利权人如实报告联盟的影响，在公平自愿的基础上加入帕累托改进的联盟，并否决非帕累托改进的联盟；再次，向 G－C 机制中引入 Clarke 税，在联盟成立的情况下抵销政府的高额补贴支出，在联盟不成立情况下惩罚垄断专利权人；最后，指出政府在设计专利联盟时必须注意的问题。

目　录

第1章　引　　言

1.1　研究背景

1.1.1　现实背景

专利联盟（patent pool）是“专利权人授权联盟管理机构营销及打包许可其知识产权的联合组织（Brenner，2009）”[1]，它是解决专利丛林（patent thicket）问题的最直接途径。现行专利制度使片断化和重叠（fragmented and overlapping）专利日益膨胀，导致了“反公共品悲剧”。尤其20世纪90年代以来，半导体、生物科技、通信等高新技术产业中“犹如洪水般泛滥”的专利，生成了密集的专利丛林[2]。该问题集中表现为新技术的商业化进程被专利权人多重阻碍，专利化的技术难以得到有效利用，甚至产生了如生物医学领域中的“更多知识产权却导致了更少改善人类健康产品出现”的现象（Heller和Eisenberg，1998）[3]。1995年，Stiglitz在美国联邦贸易委员会“高新科技全球竞争政策听证会”上指出，在累积创新和多重阻碍专利的环境中，广泛而强力的专利保护会对竞争产生不正当的抑制效果，而非鼓励创新。

专利联盟是当前高新技术产业技术标准重要来源。所谓技术标准是“由惯例或正式协定形成的，生产商须遵守的一系列技术规范[4]”，它具有实现规模经济和网络外部性、促进交易、校正逆向选择等多方面积极影响。随着经济知识化、全球化趋势，对技术标准的需求正日益膨胀，标准化形式也面临新的挑战。在高新技术领域，通过严格程序制定，且不涉及私有知识产权的正式

(de jure) 公共 (unsponsored) 标准的供给，已难以满足产业迅速发展的需要。而知识专利化，通过市场竞争形成的私有 (sponsored) 事实 (de facto) 标准，具有制定程序快捷并在出现之前已被局部采用，且可对企业 R&D 投资提供更强大的激励优势，正显示出更强的重要性[5]。相关调查显示，在 20 世纪 90 年代至今成立的 21 家最重要专利联盟中，13 家已设置了成熟的事实标准，其余 8 家是生物工程和医药领域的非营利组织，有 14 家旨在设置行业标准的联盟正在筹建[6]。而拥有广泛适用的技术标准，将极大加强企业的国际竞争力。因此各国纷纷制定相应政策，在高新技术产业中规划、培育和推动由本国企业主导的专利联盟，以争夺作为“产业竞争制高点”的技术标准。

专利联盟最早出现在美国，对相关产业的竞争格局产生了重大影响，并在第二次工业革命的进程中发挥过重要推动作用。在过去的 150 多年里，随着环境和反垄断部门态度的变化，专利联盟的发展经历了曲折的过程。但随着 20 世纪 90 年代中期以来经济全球化和国际竞争加剧，专利联盟作为国际产业竞争的有力武器受到各国普遍重视和政策优待。美国司法部 (Department Of Justice，DOJ) 和联邦贸易委员会 (Federal Trade Commission，FTC) 在 1995 年联名发布的《知识产权许可的反垄断准则》中，明确指出“联盟协议可提供促进竞争的好处”。DOJ 据此分别对 MPEG (1997)、DVD3C (1998) 和 DVD6C (1999) 专利联盟的成立发布了三道表示赞同意见的事务审查函，宣称这些联盟“对形成产业标准是必要的”。在此影响下，如 3G 手机、高清 DVD、蓝牙和 WCDMA 等专利联盟纷纷涌现，美国 2001 年基于联盟中全部或部分专利制造的设备销售总额，已高达 1 万亿美元 (Clarkson，2004)[7]。且在国内受到广泛关注的“DVD 之痛”事件——MPEG、DVD3C 和 DVD 6C 专利联盟，对我国 DVD 播放机出口收取高额专利使用费 (合计约 12 美元每台)，使相关产品由于丧失价格优势，在国际竞争中全线失利，全球市场占有率急剧萎缩，整个产业遭到了“灭顶之灾”——说明专利联盟对国际产业竞争格局将起到决定性影响。正如 Lerner 和 Tirole (2004) 所指出的，当前专利联盟“正在经历一次卷土重来”，并将在新经济中发挥较以往更加重要的作用[8]。

近年来我国企业也开始积极运用专利联盟手段参与世界竞争，许多高新技术企业不断进行技术创新和升级专利的同时，也越来越多地关注专利联盟的组建。我国相继组建了一些专利联盟，其中影响较大的如 TD－SCDMA 联盟、AVS 联盟、彩色电视机联盟等。TD－SCDMA 专利联盟于2002年10月30日在北京成立，其发起成员包括大唐电信、华为技术有限公司、联想等七家企业。该联盟的宗旨是 TD－SCDMA 技术标准的推进与完善，以及产业的管理和协调，促进成员企业间的资源共享和互惠互利，以提升联盟内通信企业的群体竞争力。2009年1月7日，中国政府开始颁发3G运营牌照，将 TD－SCDMA 标准的3G牌照颁发给中国移动。从此，我国第一个专利联盟开始了商业化发展阶段[9,10]。鉴于缺少核心技术已成为中国彩电企业“必须面对的残酷现实”，长虹、康佳、创维等9家企业在2005年5月的彩电峰会上达成共识，组建中国彩电专利联盟，以通过互利合作的方式建立中国彩电产业知识产权的完整体系[11]。AVS 专利联盟于2004年9月20日成立，是由我国信息产业部组织的，专门设置数字视频和音频标准的专利联盟组织。其成员为英特尔（中国）有限公司、中国科学院计算技术研究所、华为技术有限公司等152家企业、院校和科研院所。该专利联盟只对采用这一技术的编解码产品收费，许可费率约合人民币1元。未来10年我国将生产3亿～5亿颗 AVS 标准解码芯片，联盟的成立将为数字音视频产业节省超过10亿美元专利费，为产业跨越发展提供了契机[12]。从我国专利联盟运行及其绩效来看，尽管现阶段主要还处于被动应诉阶段，专利联盟技术资源共享基础上的高层次的联合研发能力还未得到发挥，但制定自主技术标准并围绕其构建专利联盟对我国相关产业的发展具有十分重要的意义，为今后中国企业长期竞争优势的构建提供了坚实基础。这些专利联盟的运作还是给我们带来了很多有益的启示，这些启示不光对我国今后专利联盟的相关实践起到借鉴和引领作用，同时也给我们带来了关于专利联盟理论研究的新的着眼点。

1.1.2 理论背景

虽然专利联盟能够解决专利丛林问题，促进事实标准建立，且各国专利联盟政策已由“遏制”向“善待”演变，但它仍可以被用为厂商共谋限制竞争的工具。由于专利联盟促进竞争和反竞争作用的复杂交织，仍然是各国反垄断审查的重点对象。从美国的相关判例来看，法院对于专利联盟“是否构成垄断”的检视依据仍然比较模糊，导致了反垄断司法实践的“钟摆”方向充满不确定性。在这种背景下，专利联盟的竞争效应问题引起了许多世界顶级经济学家的关注。以美国加州大学伯克利分校夏皮罗教授、吉尔伯特教授，哈佛商学院勒纳教授，以及法国产业经济研究所泰勒教授为代表的学者，对该问题进行了深入、缜密的分析。

Shapiro（2001）认为，互补专利联盟能够解决专利市场上多重加价和敲竹杠两方面问题，是可以提高市场竞争和社会福利水平的[2]。Lerner 和 Tirole（2004）认为，专利联盟促进竞争的充要条件是联盟专利具有足够高的互补性，而不必完全互补。且强制联盟成员独立许可（CIL）的条款，能够确保专利联盟不损害竞争[8]。Kim（2004）认为，在有纵向一体化企业存在的垂直市场上，互补专利联盟能够进一步促进市场竞争[13]。Kato（2004）认为，如果专利权人能够同时控制许可的价格和数量，则替代专利联盟也能提高市场竞争[14]。Quint（2009）认为，在多产品背景下，只有要求联盟中仅包含生产所有相关产品必需的基本专利，才能完全确保联盟不损害竞争[15]。已有国内学者综述了国外专利联盟竞争效应的研究进展（李玉剑，宣国良，2004；洪结银，2008）[16,17]，并取得了一系列研究成果（朱振中，吴宗杰，2007；徐明华，陈锦其，2009）[18,19]。

专利制度是旨在激励研发投资并使研发资源优化配置的机制，而专利联盟重新整合了研发成果，对事前研发动机及后续创新行为有怎样的影响？且创新对长期社会福利的影响往往比事后市场效率要大得多，因此专利联盟的事前创新效应成为学者们不能回避的重大问题。近年来，专利联盟对创新即长期社会福利的影响，已引起了学者们的高度重视。

Denicolo（2000，2002）认为，序贯创新专利组成联盟提高长期社会福利的必要条件为：与第一阶段相比，第二阶段创新的难度须较大；且（或）第二阶段创新产生的不能被企业内化的消费者剩余须较大[20,21]。Dequiedt 和 Versaevel（2007）认为，专利联盟对公司研发强度整体有正的影响，在专利联盟形成前各公司研发强度将逐步提高。但也可能导致过度投资，偏离专利权人整体利润最大化而产生非效率扭曲[22]。Aoki 和 Ménière（2008）认为，在标准由多公司通过专利联盟联合设置，且固定的成员平分各期标准价值的情况下，具有显著的公共产品性质，“搭便车”动机导致整体更新研发投入不足，但这可以通过联盟准入规则和分配规则的优化设计校正[23]。Kwon 等（2008）认为，专利联盟对纵向一体化企业和专业研发企业的研发投资有非对称的激励作用，且两类企业的研发投资是策略互补的关系。同时完整联盟和不完整联盟对企业研发投资激励强度也是非对称的，但在有联盟情况下各类企业研发投资都会比无联盟情况高[24]。Llanes 和 Trento（2009）认为，在无联盟情况下累积许可费随已存在专利的数量增加逐渐提高，创新可能性逐渐降低。而在有联盟的情况下，各阶段创新发生可能比无联盟情况相比有大幅度的提高。但是，专利联盟往往是不稳定的[25]。Lampe 和 Moser（2008，2009）通过实证分析表明，联盟成立的预期会激励企业研发和申请专利，但联盟成立后内部技术改进速度和专利申请数量大幅降低，联盟存在抑制了内部技术创新。但同时，联盟却鼓励了外部竞争性技术创新产生[26,27]。

传统观点认为，如果不受相关法规的限制，专利权人总有动机加入联盟优化整体利润，因此专利联盟是外生形成的。但在现实中，各国善待的政策倾向并未使专利联盟数量显著增加，近年来成功组成的专利联盟数量很少，一些筹建中的联盟由于专利权人为收益分配争论不休而迟迟不能成立，还有的联盟是不完整的，即未包含用于某项技术或标准的全部基本专利。此专利联盟的“形成困境”为何出现，又如何解决？这一问题也已引起学者们的关注。

Aoki 和 Nagaoka（2004）认为，“搭便车”（free riding）和“谈判失败”（bargain failure）两方面问题会妨害专利联盟形成。“搭便车”是指互补专利权人组成联盟会产生正的外部性，导致联盟外企业与加入联盟相比获得更高的许可收益。“谈判失败”是指由于利润结构差异，与纵向一体化企业相比，专业 R&D 企业倾向收取更高的许可费[28]。Aoki 和 Nagaoka（2005）认为，完整的专利联盟只有在专利数量较小时才会出现，而当专利数量较大时，专利持有者拒绝加入联盟的情况不可避免；由于存在后动优势，联盟组建会因“消耗战”被延迟；且专业 R&D 企业更倾向于通过在外部阻碍联盟获得更多利润[29]。Aoki 和 Nagaoka（2006）以“无限期一致性博弈模型”为基础，证明了即便在联盟收益可自由分配的有转移支付情况下，联盟形成的可能性仍然很小[30]。Aoki（2006）比较了知识产权交易所和专利联盟两种促进专利许可交易机构的特点。该研究认为不稳定性（unstable）是专利联盟的一个基本特点[31]。Layne－Farrar和Lerner（2008）实证研究表明，企业业务模式、专利价值分布和联盟收益分配规则三方面因素会影响专利联盟形成；相对纵向一体化企业，专业R&D企业更倾向不加入联盟；当专利价值分布较对称时，联盟形成的可能性较大；增加对专业R&D企业和高价值专利持有者的收益分配有利于联盟形成[32]。Lévêque和Ménière（2008）认为，下游生产商采用专利须承担相应的固定成本，该成本发生以后上游专利权人敲竹杠的动机是不可避免的，而这会导致专利联盟无法形成。但上游专利权人在下游固定成本发生前，是可以达成联盟协议的[33]。

尽管理论研究已取得丰富成果，但总体而言，对专利联盟的研究仍是一个新兴领域，尚存局限性和亟待深入研究的理论缺口。本书正是对上述研究的丰富和扩展，以便更深入地理解专利联盟的本质。

1.2 研究目的与意义

1.2.1 研究目的

本书研究的目的包括理论和实践两个层面。理论层面：一方面，在产品和创新市场上分析专利联盟的本质，并对其效应和影响进行综合评价，以充分发挥专利联盟促进竞争和创新的作用，避免产生垄断和抑制创新的影响；另一方面，讨论专利联盟形成中可能遇到的障碍，为联盟形成的一般理论探索做出贡献。实践层面：一方面，对我国企业给出“中国制造”的策略性联盟竞争空间；另一方面，结合我国的实际提出政策建议，为我国制定合理有效的专利联盟政策提供支持，推动我国有效率的专利联盟的发展。

本书的研究主要解决以下三个关键方面的问题。其一，从上下游市场交互影响及联盟内部定价权分配规则角度，分析专利联盟的竞争效应，得出专利联盟提高静态社会福利的充要条件，以及不同情况下对市场结构的影响。其二，在序贯创新和累进创新的环境下，研究企业动态专利研发投资决策，在此基础上分析专利联盟对企业研发投资的影响，以及是否提高长期社会福利。其三，

分析专利联盟“形成困境”的根本原因和影响因素，在此基础上设计一个有效的机制，鼓励提高社会福利的联盟形成和发展，同时抑制降低社会福利的联盟形成。

本书的研究通过构建理论模型，从静态的竞争效应、动态的创新效应和联盟形成三个方面分析专利联盟的本质和效应，具体的研究目标有以下三个方面。

①通过以专利联盟定价权分配为切入点的竞争效应分析，使对专利联盟的研究更加深入和广泛，即由外部环境深入到内部规则的分析。同时结合最终产品市场绩效的分析，使对专利联盟竞争效应的研究更加完整，且对我国的国情更有针对性。

②建立模型确切描述专利权人类型和信息，通过在创新层面上对企业动态创新活动的分析，较好解决专利联盟创新效应分析的复杂性问题，并使专利联盟创新效应的研究更加丰富和具体。专利联盟创新效应是一个重要但未被充分研究的经济理论问题，这至少部分是由于分析过程非常复杂。本研究在模型中融入了随机过程，对多学科融合与创新具有重要意义。

③通过将进化博弈分析引入到专利联盟形成的问题中去，使专利联盟形成问题的研究更加贴近现实。同时将专利联盟形成作为一个可控的过程加以分析，给出一个优化的专利联盟形成机制框架。由于在契约理论、拍卖理论及委托代理理论等领域的成功运用，机制设计理论已经进入了主流经济学的核心。本研究将机制设计理论应用于解决专利联盟形成问题，是对该理论在社会组织领域的丰富和拓展。尽管针对结成专利联盟这一特殊问题，但研究结果具有随机匹配联盟博弈一般均衡的特点，在一定情况下可推广到差异化产品市场寡头联盟等博弈中，以对联盟形成的一般理论探索做出贡献。

1.2.2 研究意义

目前对专利联盟的研究仍处于初始阶段，理论体系不健全，尚有许多问题存在争议。而我国在一些产业中已经开始了一些专利联盟实践，甚至有中国企业加入到了有重要国际影响的专利联盟中，如联想加入到 Bluetooth 无线传输联盟。而我国关于专利联盟的理论研究却十分匮乏，理论研究落后于实践的发

展，长期来看，必将阻碍我国利用专利联盟发展高新技术产业的步伐。由于专利联盟一直受到各国公共政策的密切关注，而专利联盟政策显著受到经济学理论的影响，本研究对专利联盟的深入讨论，对于正确把握专利联盟的本质和影响，为我国有关部门制定合理有效的相关政策提供参考，推动以我国企业为主导的专利联盟发展有重大意义。

随着经济全球化和知识经济发展，专利日趋成为国际市场竞争中重要的战略资源。我国企业巨大成本优势，已经给发达国家跨国公司造成了很大竞争压力，由此我国技术转让的“天花板效应”已非常明显，加强自主创新的步伐成为保持经济健康快速发展的紧迫要求。在这样的背景下，企业仅仅将注意力放在自身的专利创造活动上已经远远不够，还必须关注整个产业专利组合的系统效率，建立以专利联盟为导向的研发策略，开发更多更好的策略性专利，并通过这些专利的组合促进专利资源转化和市场化，进而获得产业控制和垄断优势。但与大型跨国公司比较，我国企业所掌握的“专利组合”规模普遍较小，在竞争中仍处于劣势。将分散的专利有机集成在一起，组建以我国自主知识产权为主的专利联盟，无疑是弥补差距的一条捷径。因此，本书的研究对促进我国企业建立专利联盟，由此开拓国际市场、获得持续发展、提高国际竞争力有重大意义。

“中国制造”在世界市场崛起，特别是高新技术产业迅猛发展，在国民经济中的支柱地位逐步形成。但“中国制造”辉煌下的外患与内忧日趋凸显。“中国制造”面临的外患所指的是，跨国公司专利联盟已成为我国高新技术产业发展的“大规模杀伤性”武器，“中国制造”被挤出国际市场。“中国制造”面临的内忧所指的是，与专利技术实力相比，我国企业的专利组织水平更加落后，专利资源转化能力和市场化能力较弱，未能发挥对跨国公司的挤出效应。在外患内忧的双重压力下，“中国制造”寻求怎样的模式参与全球市场竞争，谋求产业竞争优势，成为摆在我们面前的一个重大问题。专利联盟的出现，标志着专利竞争领域的一个重要转变，即专利竞争已经由企业单体的战术竞争转向跨企业专利组合为特征的联盟竞争。因此，加强专利联盟的相关理论研究并将理论研究成果转化为管理实践，有助于为专利联盟的构建给予明确的理论指导和策略建议，使专利联盟的构建从反应式转向前瞻式、由被动式转向

主动式，并培育产业的先发优势和竞争优势。这对于改变我国企业技术上受制于人的局面，提升中国制造竞争力具有重要现实意义。

1.3 研究内容及方法

1.3.1 研究内容与结构

本书运用经济学理论将研究的重心集中在以下三个方面问题上。①从内部规则和外部产品关系两个角度分析专利联盟的竞争效应。②从序贯创新和累进创新两个角度分析专利联盟的创新效应。③探讨影响联盟形成的条件和因素，并给出一个联盟形成困境的解决方案。全书共分7章，如图1-1所示。

第1章，引言。介绍本书的研究背景；阐述研究的目的与意义；简要介绍本书的主要研究目的、意义、内容和方法。

第2章，文献综述。对专利概念进行了界定和说明；对国内外关于专利联盟的文献进行了回顾和综述。

第3章，专利丛林的产生及影响。概括了专利丛林的发展历程；介绍了当前我国专利丛林的发展情况；多角度分析了专利丛林问题。

第4章，专利联盟的竞争效应。本章研究了专利联盟的竞争效应问题。一方面，基于互补专利联盟模型，引入定价权分配这一内部规则的考虑，分析专利联盟定价权分配对社会福利的影响，并给出有效率的专利联盟定价权分配规则；另一方面，针对“上游许可专利，下游生产差异化产品”的纵向市场，构建了同时描述上游专利关系和下游产品关系的博弈模型，得出专利联盟提高社会福利的充要条件。并在此模型基础上，进一步分析了许可费形式及专利联盟以外其他形式的联合等相关问题。

第5章，专利联盟的创新效应。本章研究了专利联盟的创新效应问题。一方面，在序贯专利竞赛背景下构建了博弈模型，比较不同情况下企业研发投资和专利许可行为，得出联盟对各阶段研发强度的影响；另一方面，针对在累进创新条件下专利联盟对研发投资的影响，构建了一个企业研发投资随已产生专利数量变动的动态模型，得出联盟对企业各阶段均衡研发投资的影响，并分析

图1-1 本书的结构与安排

了许可费率及规模的影响。

第6章，专利联盟形成的条件与机制。本章研究了专利联盟的形成问题。一方面，从专利权人的有限理性和重复博弈角度出发分析了专利联盟的形成，分别建立对称与非对称专利联盟形成的进化博弈模型，讨论了影响专利联盟形成的条件和因素；另一方面，将专利联盟纳入公共产品的范畴分析，给出联盟“形成困境”问题的解决方案。

第7章，结论与展望。本章给出了主要结论及研究展望。

1.3.2 研究方法与特色

本书的研究综合运用经济学的相关理论，以经济学、博弈论、随机过程以及机制设计理论为理论工具综合分析专利联盟，主要运用定量研究的方法。

①运用经济学理论中消费者剩余和生产者剩余的相关理论，建立了纵向产品同质与差异化模型，计算有、无专利联盟情况下的社会福利变化，作为在最终产品市场分析专利联盟竞争效应的依据。

②运用动态经济学理论中的序贯创新和随机过程模型，研究有、无专利联盟情况下企业动态研发投入博弈问题，作为在专利许可市场分析纵向结构专利联盟创新效应的一个依据，丰富了专利联盟创新效应的研究。

③运用演化博弈和机制设计理论，研究影响联盟形成的因素与条件，以及如何促进有效率的专利联盟形成。在客观解析专利联盟形成困境的同时加以主动控制，对于推动专利联盟研究的发展和专利联盟政策制定有重要意义。

本书的研究的主要的特色和创新有以下四个方面。

①结合专利联盟“三大基本问题”研究。近年来，专利联盟“创新效应”和“形成困境”研究迅速发展，已经与“竞争效应”一并成为专利联盟研究中的三大基本问题。总体来说，这三方面研究是一个“事前—事中—事后”框架下的逻辑整体，但目前基本处于分离的状态。本研究将专利联盟三大基本问题整合在一起研究，有利于从宏观视角深化对专利联盟的整体认识。

②结合专利关系（横向）和垂直结构（纵向）两方面研究成果，进一步完善理论模型。纵向结构联盟是全世界范围内具有代表性的专利联盟，也是对我国经济和产业发展产生重大影响的一类联盟，其内部专利关系也是复杂多样的。但目前对联盟专利关系的研究，往往省略了下游生产环节；而在垂直市场结构下的专利联盟研究，往往拘泥于上游专利完全互补或完全替代的特定情况。本研究将两方面分析结合，建立更加精确拟合现实的模型，将有利于从整体上把握不同因素的交互效应及其综合影响。

③强化了以专利联盟内部规则为切入点的讨论。在实践中，虽然专利关系直接决定联盟的效率性，但对专利关系的直接判断通常十分困难，而许多易观

察的联盟规则能够成为联盟效率性的有效判别工具，如反垄断司法案件就经常以联盟中“限制性许可规则”的存在为替代判据。同时，潜在成员是否愿意加入联盟也与联盟规则有紧密的联系。因此本研究将加强以独立许可、回授和联盟收益分配等规则为切入点的分析，对于专利联盟政策法规的制定有重要的参考与借鉴作用。

④将演化博弈、随机过程以及机制设计的理论方法引入专利联盟研究中。由于国际上对专利的保护期限很长（发明专利一般在20年以上），专利权人不能准确预计博弈结束时间，且仅具有有限理性，因此演化博弈可能对联盟的描述更准确。随机过程以严密数理推导为基础，可在此基础上建立更复杂专利联盟模型。机制设计作为强大的“经济工程学”，在客观解析经济现象的同时还能加以主动控制，对于专利联盟政策和法规的制定有较强的指导意义。新的研究方法的引入可能推动专利联盟研究的深入发展。

第 2 章　文献综述

2.1　专利联盟的概念

对专利联盟定义的界定，学术界还没有统一的定论，1995 年 DOJ 和 FTC 联名发布的《知识产权许可的反垄断指南》中将交叉许可和专利联盟定义为两个或多个知识产权所有人为相互许可或对第三方进行许可而形成的协议[34]。显然，该界定包含交叉许可和专利联盟两方面，学者们在此基础上进行了拓展和延伸。

一些学者对交叉许可和专利联盟进行了分别定义。如 Shapiro（2001）将交叉许可定义为两个公司为了彼此授权专利而达成的协议，交叉许可可以包含固定或可变的联盟许可费，而将专利联盟定义为专利联盟是一个向第三方打包授权的单一组织实体，这个实体可以是一个新的实体也可能是其中某个专利联盟创建成员代理[2]。Ekenger（2003）认为交叉许可是两个公司达成的彼此进行专利许可的简单协议；而专利联盟是一个私人契约协议，专利持有人由该协议将彼此专利统一转移入一个共同拥有的公司并进行联合打包授权[35]。由此可见，二者的关键区别在于，交叉许可不像专利联盟那样有一个实体组织来持有专利。

还有一些学者将交叉许可视为专利联盟的组成部分，进行了合并界定。Merges（1996，1999）将专利联盟定义为多专利持有人建立的旨在集中彼此专利而达成的协议。专利联盟进行成员彼此之间的专利授权，也向联盟成员外的实体进行许可，还按照预先设置的协议进行许可费的分配[36,37]。Carlson

(1999) 将专利联盟定义为，专利授权人建立的私人契约协议，该协议约定各自专利转移到共同持有的公司进行打包授权[38]。Lerner 和 Tirole（2004）将专利联盟定义为，由多个专利权人旨在进行相互之间或向第三方进行专利许可而达成的协议[8]。李玉剑，宣国良（2004，2006）认为，专利联盟是指由多个专利持有人，为了彼此之间能够相互分享专利权利或者统一对外进行专利许可而形成的一个正式或者非正式的战略联盟组织[16,39]。

总结国内外关于专利联盟的定义，专利联盟是多个专利持有人为了彼此之间分享专利技术或者统一对外进行专利许可而形成的一个正式或非正式的联盟组织。一般来说，专利联盟表现出以下四个主要特点：第一，专利联盟中的专利指向一项技术或产品，这项技术或产品符合一个被完整定义的技术标准。第二，专利联盟通过专家确定专利联盟内的专利为实质性专利。专家决定哪些项专利是技术标准实施的实质性专利，专家确定实质性专利的过程也确定了一组实质性专利持有人。第三，专利联盟拥有一个专利联盟管理机构来负责专利联盟的运营。这个管理机构负责签署专利授权协议、收缴专利联盟许可费、分配专利联盟许可费等。这个管理机构可以是一个新成立的第三方实体也可以由专利持有人中的一员代替。第四，专利联盟均有一个专利联盟许可费分配规则。专利联盟必须建立一套完整、明确的专利联盟许可费分配规则来进行专利联盟许可费的分配。有三种专利联盟许可费分配规则在专利联盟的实践中存在，它们是数量比例分配规则、价值比例分配规则和免费授权。

本书采用 Brenner（2009）对专利联盟的定义：专利联盟是专利权人授权联盟管理机构营销及打包许可其知识产权的联合组织[1]。

《知识产权许可的反垄断指南》中明确指出了专利联盟有整合互补技术、降低交易成本、清除障碍性专利，以及避免侵权诉讼等促进竞争效应；同时，也指出专利联盟一定条件下也有集中定价、产量限制及抑制新技术产生等反竞争效应。由此，专利联盟的效率性包括两个方面，即静态的竞争效应与动态的创新效应。

2.2　专利联盟的竞争效应

2.2.1　基于互补问题的基础研究

由于专利联盟是专利聚合的载体，而专利之间存在着互补、替代和阻碍等关系，那么对联盟中专利关系的解析便成为专利联盟竞争效应研究的逻辑起点。Shapiro（2001）基于“古诺特互补问题”建立的互补性专利联盟模型对后续研究产生了广泛影响[2]。该模型包括下述四点基本假设：①信息完全的垂直市场结构。在一个特定行业中，上下游市场分割。上游是专利市场，专利权人将其专利向下游生产商许可；下游是产品市场，生产商使用上游专利化技术生产并销售同质产品。市场上所有相关信息对于参与者都是共知的。此点假设成为学者们后续研究的共同基本假设。②专利互补。上游共 N 家企业，每家都拥有一项生产既定下游产品所必需的专利。下游企业为生产该产品，必须获得全部 N 项专利的许可，缺一不可。③技术—产品分离的厂商结构。市场参与者包括两类：上游是专业研发商，拥有专利但不从事产品生产；下游是专业生产商，不拥有专利，但通过按生产数量支付线性许可费获得专利来进行产品生产。④下游市场完全竞争，且产品边际生产成本固定。最终产品价格为上游各项专利单位许可价格与下游单位生产成本之和。

在给定假设条件下，如果无专利联盟，那么上游企业将从个人理性出发进行完全信息静态博弈，独立、非合作的同时设置各自的专利许可费率；如果有一个专利联盟，则联盟作为专利技术的联合垄断者，将从集体理性出发设置统一的“打包”许可费率。结果表明，无专利联盟时，上游专利权人的静态垄断力量被放大，产品均衡价格涨幅为需求价格弹性倒数的 N 倍（N/ε），即达到 N 重垄断的水平；反之，有专利联盟时，产品价格涨幅为需求价格弹性的倒数（$1/\varepsilon$），即为标准垄断的水平。对该结果的直观解释为，无专利联盟时，任何互补专利的持有者，都不能将由其许可费率降低所产生的产品销量增加的影响有效内化，导致了最终产品价格高于有专利联盟的情况。由此该研究的基本结论是，如果联盟内的专利完全是互补性的，那么专利联盟将降低最终产品价格，提高社会福利。

该研究对基于互补关系的专利联盟经济分析是“非常有价值的第一步(Lerner 和 Tirole，2004)[8]”，对专利联盟竞争效应的研究具有开创性作用。但该研究所阐释的仅为问题的一部分而非全部，并不能完全解释复杂的现实情况。一方面，其假设②界定的专利互补关系过于严格。Lerner 和 Tirole（2004）指出，一组专利对生产既定产品是缺一不可的“完全互补品（perfect complements)”的情况是很少出现的，而且专利间关系可能随着许可价格变化而变化，是难以直接判断的[8]。Gilbert（2004）归纳分析了近一个世纪以来关于专利联盟的反垄断判例。他发现，虽然联盟中专利关系从根本上决定着专利联盟的竞争效应，但由于反垄断机构无法准确判断这种关系，导致对专利联盟审查充斥着暧昧态度[40]。另一方面，其假设③“技术—产品分离的厂商结构”与现实情况差距很大。近年来成立的专利联盟中，许多联盟成员都是纵向一体化企业（vertically integrated firms)，它们既是上游专利许可人，也是下游被许可人与最终产品生产商。例如，DVD3C 和 DVD6C 成员，包括 Philips、Sony、Matsushita、Toshiba、Pioneer、Hitachi、Mitsubishi、Time Warner 和 JVC，都是纵向一体化企业。与专业研发商相比，纵向一体化企业具有更大的市场力量和不同的盈利模式，其存在也必然对专利联盟的竞争效应产生本质影响。这些问题为后续研究留下了空间和路径。

2.2.2 聚焦专利市场的扩展研究

完全互补仅是一种特殊的专利市场结构，在此基础上的专利联盟分析缺乏普适性。针对这一问题，学者们建立了更具表现力的模型，对一般专利市场结构下的专利联盟竞争效应进行讨论。这些研究共同假设下游产品市场完全竞争，此时专利可被视为直接针对用户许可的最终产品，社会福利的高低由这些专利的许可价格体现。

2.2.2.1 LT 模型

Lerner 和 Tirole（2004）在更加丰富的专利关系框架下，建立了“易操作的”（tractable）LT 模型[8]。在该模型中，专利关系不必是完全替代或完全互补的，而是可以被赋予介于这两个端点之间一定程度的替代性（互补性)。一方面，他们从理论上推导出专利联盟提高社会福利充要条件，即联盟中专利具有足够高的互补性。另一方面，他们证明了独立许可（independent licensing）作为实践中专利联盟反竞争检视工具的有效性——如果专利联盟允许成员在联盟外独立许可各自专利，则可以保证联盟的存在不会降低社会福利。

LT 模型的基本框架为，一项技术体现为多项由不同专利权人持有的对称的专利。技术的潜在用户是异质的，其异质性体现为采用该技术的固定成本、机会成本和特殊收益等方面的差异。而各项专利给用户带来的效用是同质累进的，用户可以选购其中任意专利组成子集，用户效用与且仅与该子集中专利的数量有关。在此框架下，无联盟时各专利权人就固定费用形式的专利许可价格展开博弈。用户对各项专利许可分别进行购买决策。此时各专利的定价会面临“竞争边际”及“需求边际”的双重约束。也就是说，当各专利权人企图进一步提高许可价格，将会同时担心其专利被排除在用户选购的专利集合之外，以及会减少用户对整个集合的需求。当专利权人考虑“需求边际”的约束，将非合作的根据用户对该技术需求的异质分布制定许可价格，设此时总许可价格为 $\hat{P}$ 。而当专利权人考虑“竞争边际”的约束，将根据专利对称性引申的竞争关系，把价格制定在“如果进一步提高，则不会有用户购买其许可”的临界点上，设此时总价格为 $Z(n)$ 。如果有 $Z(n) > \hat{P}$ ，则需求边际产生约束作用，总许可价格将确定在 $\hat{P}$ 的水平上；相反，如果有 $Z(n) < \hat{P}$ ，则竞争边际产生约束作用，总许可价格将确定在 $Z(n)$ 的水平上。作为比较的基准，有专利联盟时，联盟将制定标准垄断打包许可价格 P^* 。根据最优化基本原理，$\hat{P} \geqslant P^*$ 恒成立，联盟定价必然小于独立专利权人定价。因此在需求边际产生约束作用时，$Z(n) > \hat{P} \geqslant P^*$ 必然成立，此时专利联盟会降低许可价格。而在竞争边际产生约束的情况下，由于 P^* 和 $Z(n)$ 的大小关系不确定，可能有 $\hat{P} \geqslant P^* > Z(n)$ ，此时专利联盟令竞争边际失去约束作用，提高了许可价格；也可能有 $\hat{P} > Z(n) > P^*$ ，此时联盟的存在仍然会降低许可价格。也就是说，在竞争边际产生约束的情况下，联盟是否降低社会福利，取决于 P^* 是否大于 $Z(n)$ 。

一组专利替代（互补）程度被界定为：包含的专利数量相同，且能够带给各自用户的累进效用总量也相同的两组专利，当专利权人考虑竞争边际约束定价时，总许可价格较低（高）的一组专利更具替代（互补）性。即满足上述条件的1、2两组专利，如果有 $Z_1(n) < Z_2(n)$，那么组1中的专利更具替代性，组2中的专利更具互补性。联盟中专利的替代（互补）程度，对其社会福利影响有决定性作用——如果一组专利更具替代性，那么竞争边际更可能发生约束作用［因为在且仅在 $Z(n) \leqslant \hat{P}$ 时发生］，且联盟更倾向降低社会福利［因为在且仅在 $Z(n) < P^*$ 时发生］。对此命题的直观解释为，专利间替代（互补）程度影响独立专利权人许可人的定价，但不会影响专利联盟的定价。如果一组专利具有足够高的互补性，与 Shapiro（2001）[2]模型的情况类似，互补问题将使无联盟时的许可价格过高，而专利联盟将会降低总许可价格。相反，如果一组专利具有足够高替代性，无联盟时专利权人的竞争将把许可价格限制在很低的水平上，而专利联盟会消除这种竞争，由此提高了总许可价格。图2－1展示了专利联盟对许可价格（社会福利）影响的分析结论，该图表明专利联盟提高社会福利仅要求其中专利具有足够高的互补性（点a右方水平），而不必是完全互补的。该结论在专利非对称的情况下仍然成立，特别是当某一个或多个专利在无联盟时被需求边际约束（即这些专利的重要性足够大），或存在阻碍关系时，专利联盟会毋庸置疑地提高社会福利。

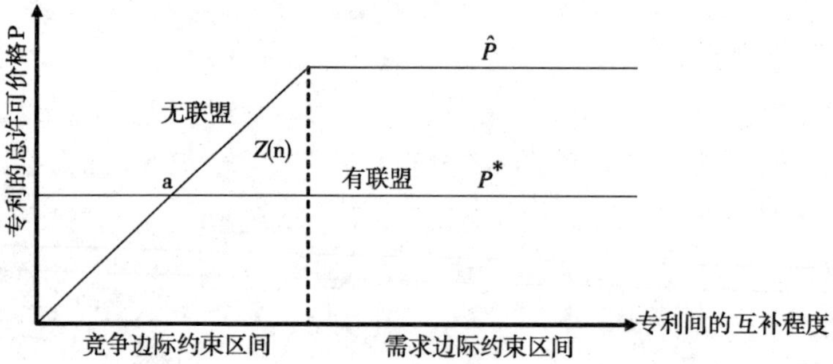

图2－1　有、无专利联盟情况下的专利许可价格

然而在实践中，基于许可价格的专利替代（互补）程度判断仍然十分困难。针对这一问题，该研究在LT模型的基本框架下构造了一个两阶段博弈，证明了允许独立许可的联盟不会降低社会福利。在此博弈中，专利联盟率先制定一个打包许可价格；各对称专利权人随后自发、非合作的设置独立许可的价格。各专利权人将均分联盟收益，而用户根据这些价格的高低选择“不购买”“购买联盟打包许可”“购买独立许可”。不同专利替代（互补）程度下的均衡表明：①提高福利（专利互补性足够高的）的联盟对独立许可是稳定的——在全部均衡中，联盟仍会索价 P^* ，且用户会购买联盟的打包许可；②降低福利（专利的替代性高达一定程度）的联盟，对独立许可是弱不稳定的——如果联盟的索价超过 $Z(n)$ ，则会存在一个用户会购买独立许可的均衡；③当专利权人只有两个时，降低福利的联盟对独立许可是强不稳定的——如果联盟的索价超过 $Z(n)$ ，则在所有的均衡中，用户都会购买独立许可。进一步，即便专利是非对称的，也不能消除专利替代性高时联盟对独立许可的不稳定特征。该研究由此得出结论：联盟成员在联盟以外独立许可其专利，会使降低福利的联盟失去作用，而不会对提高福利的联盟产生影响。那么从公共政策的角度来看，对专利联盟实施强制独立许可（CIL）便成为一种有力的反垄断政策。这一结论在 Lerner 等（2002）[41] 对专利联盟结构和绩效关系的实证研究中得到了佐证。该研究设计了一个反映联盟中专利替代（互补）程度潜变量的指标，该指标解释了“联盟是否允许成员独立许可”的大部分变差：联盟中的专利互补程度越高，越可能允许其成员独立许可。

2.2.2.2　专利联盟最优形成规则模型

Lerner 和 Tirole（2004）同时发现，各国向“善待”转变的专利联盟政策，并未使新的专利联盟的组建得到足够激励[8]。Aoki 和 Nagaoka（2004）认为，在无纵向一体化企业的情况下，“搭便车”（free riding）问题使专业研发商加入联盟的激励不足，导致不完整联盟的产生[28]。所谓不完整联盟是指没有包含一项技术所涉及的全部专利的联盟，如 DVD3C 与 DVD6C 等就是这样的联盟。Brenner（2004）在 LT 模型的基础上，引入专利联盟形成过程的考虑，将分析扩展到了不完整联盟的情况[1]。他提出的专利联盟的封闭形成机制，是对 CIL 反垄断政策的进一步扩展和重要补充。

Brenner（2004）在 LT 模型的基础上增加了联盟内生形成的考虑，建立了一个两阶段博弈模型[1]。各企业阶段 1 在开放或封闭的形成机制下形成联盟，阶段 2 由市场参与者在 LT 模型框架下进行专利许可价格竞争。首先，该研究比较了开放和封闭两种联盟形成机制的效果。开放机制下，专利权人同时披露其加入唯一联盟的意愿，由同意加入的专利权人组成专利联盟。封闭机制下，一个专利权人率先对其选定的其他专利权人提出入盟邀请，接到邀请的公司依次表明加入意愿。如果所有接到邀请的专利权人都愿意加入，则联盟成立；反之，第一个不愿加入的专利权人将提出新的邀请。当有一个联盟形成，或所有专利权人都已提出一次邀请而无联盟形成时，联盟形成博弈结束。两种机制下的均衡表明，当专利替代性较高，开放机制下形成的联盟规模较大；相反，当专利的互补性较高，则封闭机制下形成的联盟规模较大。其次，该研究分析不完整联盟的社会福利影响。结果表明，与完整联盟情况类似，不完整联盟的社会福利影响仍由其中专利的替代（互补）程度决定。联盟中专利替代程度高则倾向降低社会福利；相反，联盟中专利互补程度高则倾向提高社会福利，Lerner 和 Tirole（2004）[8]的福利分析结论仍然成立。此外，由于专利互补程度高时的完整联盟，及替代程度高时的无联盟是社会福利最优的，所以不完整联盟无法实现社会福利最大化，但在多数情况下仍不失为一种次优状态。最后，该研究考察了 CIL 对不完整联盟的作用。结果表明，在不完整联盟打包许可与联盟成员独立许可在市场上并存的情况下，降低福利的不完整联盟都不会对独立许可具有强不稳定性，即总会有一个降低福利的均衡结果；一些降低社会福利的联盟甚至对独立许可是强稳定的，即所有的均衡都是降低福利的。因此对不完整联盟来说，单独的 CIL 并不足以保证专利联盟提高社会福利。但是，如果引入联盟形成机制的考虑，降低福利的稳定联盟不会在封闭机制下形成。综合上述三点结论，该研究最后指出，封闭联盟形成机制会消除“旁观者困境”（outsider dilemma），有助于产生完整、稳定且提高社会福利的专利联盟。

Brenner（2008）在上述研究基础上，进一步从机制设计的视角讨论了专利联盟保证提高社会福利的“最优形成规则”[1]。该研究的思路为，在 LT 模型基础上加入结构限制，在提高社会福利的情况下，形成完整联盟；在降低社会福利的情况下，不形成联盟；也就是说社会福利最优状态时达到均衡。研究结果表明，社会福利最优状态在多数情况下无法实现。而且降低福利的不完整联盟对独立许可是稳定的，因此 CIL 本身并不足以保证联盟提高社会福利。但在封闭联盟形成机制下，CIL 则能够使降低福利的联盟不稳定，失去合谋提价的作用。同时与开放机制比较，在封闭机制下形成的专利联盟的规模与社会福利最优状态更为接近，即更倾向提高社会福利。因此该研究指出，将联盟封闭规则与CIL规则相结合，即是确保专利联盟提高社会福利的“最优形成规则”。

2.2.2.3 联盟回授及独立许可规则的竞争效应影响模型

Lerner等（2007）指出，对联盟中专利的替代或互补进行直接判断，或者说从本质上识别专利联盟是否反竞争是十分困难的。但幸运的是，回授（grantbacks）和独立许可等显而易见的联盟规则，能够成为判别专利联盟是否反竞争的有效替代工具[42]。所谓回授，是指联盟成员获得的与联盟打包许可用于同一领域的创新，必须无偿转入联盟的规则。他们通过一个动态博弈模型展示了回授及独立许可规则与联盟中专利的替代（互补）性之间的联系，并通过63个联盟样本对理论进行了实证检验。

该模型的基本设定如下。①某技术内核（Technology kernel）中有n项对称的专利，由n家公司分别持有。这n项专利或为替代，或为互补，它们之间的关系并不影响该技术本身的价值。由于专利联盟能够在替代时防止Bertrand竞争，在互补时防止多重加价，这些公司组建一个专利联盟将会获利。②由这n项专利组成的技术内核可能并不完整，即可能存在一项对该技术有效执行必不可少的阻碍性（blocking）专利，在联盟组建时尚未被开发出来。如果技术内核不完整，这n家公司中的一家将随机等概率地得到相关知识，使它将能够以一定成本将该阻碍性专利开发出来。进一步，如果阻碍性专利权人无须将该专利回授给联盟，则可以阻碍联盟并与之讨价还价，开发行为是获利的；反之，如果它必须将该专利回授给联盟，则开发行为是亏损的。③这n家公司都能将自己的专利用于与联盟许可不相关的其他领域，即每一家公司都能够以一定成本开发出基于原专利的附加（add-on）创新。进一步，如果持有附加创新的公司可以进行独立许可，则开发附加创新是获利的；反之，如果该公司是禁止独立许可的联盟的成员，则它必须通过与联盟讨价还价取回附加创新的独立许可权，否则开发附加创新将会亏损。在上述基本假设下，参与人展开四阶段动态博弈。阶段1，各公司决策是否加入专利联盟，加入者就是否允许独立许可及要求回授，按少数服从多数原则投票。阶段2，各公司决策是否投资开发附加创新，拥有相关知识的企业（如果存在）决策是否投资开发阻碍性专利。阶段3，如果阻碍性专利存在，且未被联盟成员开发出来，联盟外企业会抓住机会将其开发出来，并与联盟展开纳什讨价还价。阶段4，技术内核中专利被联盟或各独立的专利权人对外许可。

通过对上述博弈逆向递归求解，该研究得出的结论为：①替代性专利组成的联盟不允许独立许可且不要求回授；②相反，由互补性专利组成的联盟允许独立许可并要求回授。这两点结论很容易从直观上理解。联盟禁止独立许可的动机在于避免产生对自身打包许可的竞争。替代专利的独立许可将产生对打包许可的竞争，所以一般不会被允许。相反，互补专利联盟的独立许可不会产生对打包许可的竞争，并能够激励成员开发附加创新，因此一般会被联盟允许。联盟要求回授的动机在于，避免出现持有阻碍性专利的个别成员控制联盟的情况。专利替代的情况下，阻碍专利所有者无须依赖其他专利实现技术的价值，不加入联盟则会成为垄断者。所以拥有阻碍性专利相关知识的专利权人不会加入联盟，联盟也无须关心成员的潜在控制，从而不要求回授。相反在专利互补的情况下，阻碍专利的预期持有者有动机进入联盟。这是由于当联盟包含整个技术内核时，阻碍专利的预期持有者加入联盟可以避免双重加价，从而获得最大利润。所以互补的专利联盟非常关心控制问题，从而会要求回授。

在对上述两点结论进行的实证检验中他们甄选了1895—2001年成立的63个具有代表性的专利联盟为样本，其中不包含简单交叉许可、建立合营企业及包含非营利机构等非典型情况。变量数据来源为这些联盟的初始协议和涉案历史记录。特别的，针对联盟中专利的替代（互补）的识别，该研究设置了“这些联盟是否被起诉及判决的严厉程度”为代理变量来反映：如果事实偏向“未被起诉”一端，则表明联盟中专利更具互补性；相反，如果偏向“责令解散”的严厉制裁一端，则表明联盟中专利更具替代性。而后，该研究以单因素方差分析和logit回归的方法对上述两点结论进行了假设检验。实证的结果支持了这两点结论，且假设在引入多个控制变量（如标识行业的哑变量等）的情况下仍显著成立。

2.2.2.4 “基本与非基本专利并存”的模型

Quint（2008）发现，一个行业中的相关专利，往往有一部分是基本的

(essential)，而另一部分是非基本的[15]。基本专利是指“无替代品，且为符合一定标准所必需”的专利。当前美国对专利联盟的反垄断审查也要求联盟仅包含基本专利，不能包含非基本专利。但以往理论研究并没有恰当描述基本与非基本专利并存的情况。如在 LT 模型中，用户得到的效用取决于获得的可互换专利的数量，而非取决于某项特定专利。也就是说，此时这些专利没有哪项是基本的，或全部都是基本的（完全互补情况）。针对这一问题，该研究建立了一个多产品背景下的专利价格竞争模型，对照了由不同类型专利组成联盟对社会福利的影响。他认为，在一个多产品产业中，仅要求联盟中专利互补，并不足以保证社会福利提高，应进一步要求联盟中仅包含基本专利。

该研究设定，市场上存在一系列有竞争关系，但非完全替代的异质产品，用户对这些产品的需求服从标准双指数分布。这些产品的生产会用到一组相关专利，在这些专利中，基本专利是生产每一种产品所必需的，而非基本专利仅为生产某一种特定产品所必需。任意两种产品所需的非基本专利及其持有者都不同；各专利权人或掌握基本专利，或掌握非基本专利，但不能二者兼得。该模型直观描述如图 2 – 2 所示，其中黑点代表不同专利，内圈的小椭圆代表不同专利权人，外圈的大椭圆代表不同产品。在此框架下，该研究分别将不同类型专利组成一个联盟，比较这些有本质区别的专利联盟的存在，对所有产品价格和专利权人利润的影响，并考虑专利联盟先于其他专利权人定价和联盟成员可以独立许可的情况。

在此模型框架下，通过比照不同情况下同时设置许可价格的博弈均衡，该研究得出下述五点主要结论。①仅含有基本专利的专利联盟，会降低所有使用其技术的产品的价格，提高下游市场的消费者剩余，且提高联盟外专利持有者的许可收入。这样的联盟总是增进福利的。②专利联盟含有在几项竞争产品中一项所需专利，或者说含有非基本但互补的专利时，由于在联盟外还可能存在竞争专利，专利联盟对福利的影响是可正可负的。此点结论说明，仅要求联盟中专利互补并不足以保证社会福利提高。③含有替代专利的联盟倾向于减少消费者剩余和总体福利。这与以往研究结论是一致的。④CIL 并不能有效保障专利联盟提高社会福利。在首先由联盟和联盟外专利权人定价，随后由联盟成员独立定价博弈的均衡表明，虽然 CIL 会使替代专利组成的联盟不稳定，但是由于互补的非基本专利组成的联盟对独立许可具有鲁棒性，而它可能是减少福利的。⑤由于联盟的定价机制不像独立专利权人那样灵活，因此可能成为定价博弈中的先行者。在联盟率先定价，联盟外的独立专利权人随后定价的博弈中，同时定价时联盟提高福利的作用可能会削减甚至颠覆。综合上述结论，该研究给出了下述四点建议：①仅含基本专利的联盟应被鼓励；②应加强对互补但非基本专利进入联盟的审查；③严格禁止替代的专利进入联盟。④在不影响联盟成立的前提下，严格审查可能固定联盟许可价格的条款，防止联盟成为定价先行者。

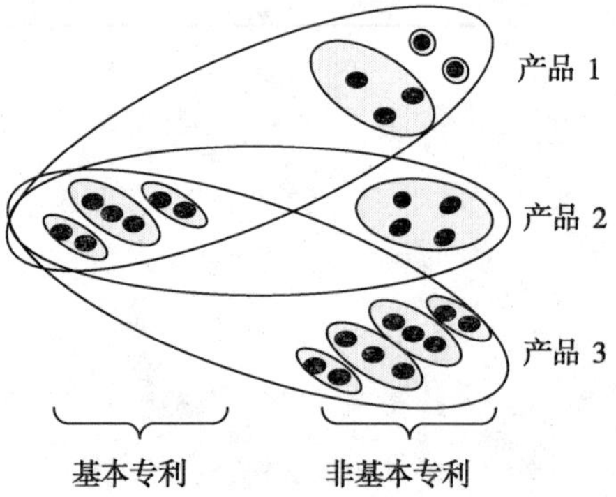

图 2－2　基本专利与非基本专利

2.2.3　垂直市场结构下的扩展研究

由于专利并非最终消费品，省略下游产品市场，仅就上游专利市场的分析并不能揭示专利联盟对社会福利的整体影响。这种局限性在纵向一体化企业存在的情况下尤为显著。为解决此问题，学者们建立了“专利—产品”垂直结构市场上的专利联盟模型。这些研究共同假设，生产同质产品的企业在下游进行寡头竞争，且市场上有纵向一体化企业存在。

2.2.3.1　“互补—寡头”模型

当前专利联盟包含纵向一体化成员的现象已很普遍，并引起了学者们的高度关注。Kim（2004）通过对此现象提炼，首次研究了在有纵向一体化企业的垂直结构市场上，专利联盟存在对社会福利的影响[13]。该研究将互补专利持有者间矛盾导致的“互补性问题”，上游研发企业与下游生产企业间矛盾导致的“双重加价”，以及纵向一体化企业“提高对手成本”动机三方面导致的市场效率损耗的问题结合在一起讨论，进一步推广了互补性专利联盟提高社会福利的理论。

该模型遵循Shapiro（2001）上游专利完全互补的基本假设。但该模型的不同之处在于，允许纵向一体化企业存在，即市场参与者有上游专业研发商、下游专业生产商以及纵向一体化企业三类；并假设下游企业在线性需求的同质产品市场上，进行边际成本不变且对称的寡头竞争，而非完全竞争。在给定条件下，市场参与者展开两阶段博弈：在阶段1，由上游实体（独立的专利权人或专利联盟）制定其专利对单位产品的线性许可价格；在阶段2，下游实体（专业生产商及纵向一体化企业）进行成本对称的古诺—纳什竞争。不同情况下（包括有无专利联盟及有无纵向一体化企业存在）的子博弈精炼纳什均衡表明：①在专利联盟和一体化企业都不存在的纵向市场上，互补问题和双重加价并存，市场效率很低。②与Shapiro（2001）的结论一致，在无纵向一体化企业存在的情况下，专利联盟的存在会消除互补性问题，由此提高了社会福利。③在无专利联盟时，纵向一体化企业的存在，会令双重加价状况得到一定程度的减轻。但另一方面，纵向一体化企业此时有通过制定过高的专利许可价格“排斥”专业生产商的动机，这会令下游从事生产的企业减少。因此此时纵向一体化企业的存在会提高还是降低福利并不确定。④纵向一体化企业和专利联盟并存的情况下，除非联盟收益不会分配给专业研发企业（或这类企业不存在），否则专业生产企业不会受到排斥；互补性问题被解决；双重加价的效应被进一步消除。进一步，市场上纵向一体化企业越多，专利联盟降低最终产品价格作用越显著。表2-1系统归纳了上述结论。

该研究结论表明，互补的专利联盟在既定的垂直结构市场上仍会解决互补性问题。而当有纵向一体化企业存在时，专利联盟还会进一步减少双重加价问题，且弱化纵向一体化企业增加竞争对手成本激励。也就是说，专利联盟使纵向一体化企业提高福利的“好的”作用得到更大发挥，且同时抑制了其降低福利的“不好的”作用。总之，在有纵向一体化企业存在的垂直结构市场上，互补的专利联盟能够更加有效地降低最终产品价格，提高社会福利。

表 2-1 专利联盟与纵向一体化企业的交叉效应

联盟属性	无纵向一体化企业	有纵向一体化企业
无专利联盟	互补性问题 双重加价	互补性问题 双重加价问题被减弱 提高竞争对手成本效应
有专利联盟	互补性问题被消除 双重加价	互补性问题被消除 双重加价问题被进一步减弱 提高竞争对手成本效应减弱

2.2.3.2 “替代—寡头”模型

传统观点认为，如果专利是替代的，也就是说这些专利的功能相同，用户得到其中任何一项专利许可都是无差异的，那么无联盟时专利权人将就许可价格展开伯川德竞争。而在此情况下专利联盟的存在会导致竞争者间的合谋垄断，是降低福利的反竞争的行为。依据这一理论，各国普遍禁止专利联盟中包含替代专利。Kato（2004）研究了替代专利组成联盟提高社会福利的可能性，对上述传统观点提出了挑战[14]。该研究认为，在一定情况下，特别是专利持有者不仅可以决定许可价格，而且可以决定被许可者数量时，由替代专利组成的联盟也能提高社会福利。

该研究的模型假设，在多寡头的线性同质产品市场上，所有企业面临不变且相同的边际生产成本。其中的两家企业，分别获得了两项完全替代的非激烈（non drastic）过程创新专利，使用其中任何一项都能够等量降低所有企业的边际生产成本，这两家企业由此成为纵向一体化企业。由于监视其他企业的产出水平非常困难，两家纵向一体化企业或由它们组成的专利联盟作为上游实体，仅能以收取固定许可费的方式向专业生产企业许可其专利。在此框架下，市场参与者进行完全信息两阶段博弈。在阶段 1，上游实体向其他专业生产企业许可其专利。许可价格由双方讨价还价确定，服从“被许可人的讨价还价力量越大，则均衡许可价格越低”的一般规律，联盟的许可价格比无联盟时两家纵向一体化企业独立许可的情况要高。而且许可数量由上游实体自行决定。在阶段 2，所有企业在产品市场展开产量竞争，此时使用专利的企业的边际生产成本低于未得到专利许可的企业。对该模型求解，有联盟与无联盟条件下的子博弈精炼纳什均衡的比较表明：①如果被许可人没有在独立许可的情况下获得足够的讨价还价能力，许可费可保持在较高水平，那么独立许可情况下的许可数量多于专利联盟的情况。②如果替代专利展开激烈的价格竞争，令被许可人获得了过大的讨价还价能力，许可费由此过低，那么许可人则倾向缩减许可数量，转而在下游市场获得更多利润，由此专利联盟的许可数量多于独立许可的情况。对上述结论进一步分析，一方面，固定的专利许可费仅是将利润从下游企业向上游企业转移，因此许可价格并不影响各企业的产出决策，也不会影响社会福利。另一方面，专利许可数量将直接决定社会福利的大小。这是由于专利可以降低边际生产成本，因此获得专利许可的低成本生产企业越多，产品产量就越大，价格也越低。由此，如果不允许替代专利组成联盟，低许可价格可能会导致均衡许可数量过低，此时社会福利也较低。而如果允许替代专利联盟，许可市场则是垄断的，高许可价格可能会诱使许可者提供大量许可，此时社会福利也较高。

该研究表明，在既定纵向结构市场上，替代专利组成的联盟诚然会提高许可价格。但如果许可数量是决定社会福利的关键因素，并且专利权人可以控制许可数量，那么即便完全由替代专利组成的联盟，也可能通过保证相对高的许可价格来增加许可数量，进而提高社会福利。也就是说，专利联盟的作用并不仅限于解决互补问题，要求联盟中专利互补并非是保证联盟提高社会福利的必要条件。

2.2.3.3 基于“互补—寡头”模型的扩展

Kim（2004）的“互补—寡头”模型[13]合理抽象了专利联盟的现时状况，成为学者们后续研究的重要基础。在该模型的基础上，Schmidt（2006）放开了产品市场线性需求的假设，并综合考虑了联盟形成过程中的讨价还价[43]；Schmidt（2008）进一步分析了专利联盟对下游生产商进入决策影响[44]；Kinokuni等（2008）放开了下游边际生产成本对称的模型设定，讨论了边际成本对称情况下联盟收益分配规则对其竞争效应的影响[45]。

Schmidt（2006）在联盟市场效率的分析中综合了专业研发商和纵向一体化企业并存时，专利联盟形成的考虑[43]。该研究发现当上游市场仅有纵向一体化企业活动的情况下，它们愿意通过交叉许可组成一个一体化联盟，该联盟能够支持标准垄断结果产生。与无联盟状态相比，这一结果是改善社会福利的。但与无联盟情况相同，下游专业生产商仍会遭到一体化企业联盟的排斥。

而且，如果将无联盟情况下“上游首先设置许可费率，下游而后进行古诺—纳什竞争”作为无限重复博弈的环节，那么时间价值因子足够大时，纵向一体化企业能够达成类似专利联盟的默许共谋。在此基础上，该研究进一步考察了专业研发商加入联盟的条件。该研究进一步假设纵向一体化企业事前已组成了一个联盟，且上游市场上存在唯一持有互补专利的专业研发商。在设置许可费之前，专业研发商就收益分配与专利联盟讨价还价，并决策是否加入联盟。这一博弈的结果是，很大一部分联盟利润被分配给上游专业研发商，下游产量也会因总许可价格提高而降低。同时，社会福利虽然低于标准垄断结果，但仍高于非合作的情况。且如果将“上游存在一个专业研发商”的假设嵌入上述无限重复博弈，则这些专利权人几乎没有达成默许共谋的可能性，联盟形成必须由各方自由讨价还价支持。Schmidt（2008）在上述研究模型的基础上，考察了专利联盟对下游生产商进入决策的影响[44]。该研究表明，由于上游收取的专利许可费越低，新的专业生产商进入产品市场的利润空间就越大，那么它进入概率也就越高。因此降低总许可价格的互补性的专利联盟，显然有利于新企业进入下游产品市场，是鼓励竞争的。那么从整体上看，互补性专利联盟将导致下游产品的低价格和高产量，是提高社会福利的。

Kinokuni 等（2008）建立了一个上下游市场都为双寡头结构，上游专利完全互补、下游企业边际生产成本不对称的动态博弈模型，针对纵向分离（上下游市场各有两家独立的企业）、纵向一体化（市场上仅有两家纵向一体化企业）和单边纵向一体化（市场上有一家纵向一体化企业、一家上游专业研发商和一家下游专业生产商）三种情况，分析了专利联盟收益分配规则对市场绩效的影响[45]。该研究的博弈进程分为三阶段：阶段 1 由联盟确定分配规则，并判别是否会支持专利联盟的成立，即首先考虑专利联盟的成立的理性约束；阶段 2 由联盟或独立的专利权人确定上游许可费率；阶段 3 从事下游生产的企业进行古诺—纳什竞争。通过对照不同情况均衡产量及分配份额参数的敏感度分析，该研究得出的主要结论为：①在上述三种情况下，专利联盟的成立都会降低产品价格、提高均衡产量和社会福利。②纵向分离情况下，联盟分配对社会福利不会产生影响。③纵向一体化情况下，联盟的分配将向成本较高的一方倾斜，而这种对高成本企业的优惠，将提高社会福利。④单边纵向一体化情况下，联盟的分配将向上游的专业研发企业倾斜，但这种对上游专业研发企业的优惠，将是损害社会福利的。

2.2.4　小结

在 Shapiro（2001）模型的基础上，学者们对专利联盟的竞争效应日渐缜密深入地研究，为指导专利联盟发展提供了有力的理论依据。综合已有主要研究，可以围绕其基本特征建立一个精炼而又具综合性的研究框架，如表 2-2 所示。该框架能为我们系统把握现有研究提供一种工具，也能用来开辟未来研究视角。

表 2-2　相关研究特征比较

特征 研究	专利类型	专利关系	许可费形式	是否考虑独立许可	是否考虑下游竞争及纵向一体化企业	联盟形成外生/内生
Shapiro（2001）	产品	互补	线性	否	否	外生
Lerner 和 Tirole（2004）	产品/过程	“替代—互补”区间上的关系	固定	是	否	外生
Brenner（2004，2009）	产品/过程	“替代—互补”区间上的关系	固定	是	否	内生
Lerner，Marcin 和 Tirole（2007）	产品/过程	替代或互补	未涉及	是	否	内生
Quint（2008）	产品	两两替代或互补的网络关系	线性	是	否	外生
Kim（2004）	产品	互补	线性	否	是	外生
Kato（2004）	过程	替代	固定	否	是	外生
Schmidt（2006，2008）	产品	互补	线性	否	是	内生
Kinokuni，Ohkawa 和 Okamura（2008）	产品	互补	线性	否	是	外生

2.3　专利联盟的创新效应

2.3.1　序贯模型

此类研究模型大都源于序贯累积创新研究，各专利有先行后续的关系，且前后专利研发决策一般存在交互影响。其基本研究思路是，在序贯创新模型的基础上引入专利联盟的考虑。

Denicolo（2002）在两阶段专利竞赛模型[20]的（Denicolo，2000）基础上，研究了专利联盟在序贯创新条件下对不同阶段企业研发及社会福利的影响[21]。该模型包含自由参与的前后两阶段序贯专利竞赛，竞赛获得的专利永久有效。第一阶段专利竞赛是对称博弈，产生的专利权人在第二阶段竞赛结束之前，将得到持续垄断利润 π_1 ，在此期间消费者剩余为 CS_1 。第二阶段专利竞赛的专利创新是非剧烈的，它与之前专利是竞争的关系。由于第二阶段专利竞赛由第一阶段专利权人和其他公司共同参与，且第一阶段专利权人可能有先动优势，因此是非对称的。如果两个专利进行竞争，第二阶段专利权人的利润为 π_B ，第一阶段专利权人利润为 0 ，相应的消费者剩余为 CS_B 。如果两个专利组成联盟，两名专利权人总利润为 π_2 ，相应消费者剩余为 CS_2 。根据竞争效应和阿罗替代效应有 $\pi_2 > \pi_1$ 、$\pi_2 > \pi_B$ 、$\pi_B > \pi_2 - \pi_1$ ，以及 $CS_2 \geqslant CS_B \geqslant CS_1$ 。第 j 次专利竞赛中的固定研发边际成本为 $a_t(t = 1,2)$ ，它同时表示创新 t 的难度。每家风险中性的参与公司 i 决定非负研发强度 x_i ，则其总支出为 $a_t x_i$ 。公司 i 成功完成研发项目的时间期望由斜率为 x_i 的泊松过程决定。由于不同公司的研发项目间是相互独立的，因此竞赛结束的瞬时概率为各公司成功概率之和。竞争、联盟以及阻碍三种情况下均衡研发投资和动态社会福利的比较表明，允许专利权人组成专利联盟，会激励第二阶段研发投资，但可能降低第一阶段研发投资。基于这种影响，序贯创新专利组成专利联盟提高长期社会福利的必要条件为：与第一阶段相比，第二阶段创新的难度须较大（ $a_2 \gg a_1$ ）；且（或）第二阶段创新产生的不能被企业内化的消费者剩余须较大（ $CS_2 \gg CS_1$ ）。该研究结论说明在序贯创新的情况下，即使前后专利是竞争而非互补或阻碍的关系，允许专利联盟建立，在一定条件下也会激励企业研发投资并提高长期社会福利，因此应给予专利联盟更加宽松的政策。该研究同时指出，实际上政策制定者无法获取模型中所有参数信息，因此结论的应用需考虑专利生命周期等更多因素，以防止专利联盟被滥用为垄断工具。

Dequiedt 和 Versaevel（2007）构建了一个多阶段研发速度竞赛模型，研究了专利联盟对各期间研发投资的影响[22]。在该模型中，某产业中 N 家公司进

行各自专利研发，每家公司都会且仅会获得一项必要专利，这 N 项预期专利是对称且永久有效的。在无联盟的情况下，一家公司获得专利后产生持续收益流 $\underline{v}$，在有联盟的情况下，每个专利权人平均收益流为 $\bar{v}$，$\bar{v} > \underline{v}$。在每个时点上，公司 i 独立决策非负的研发强度为 x_t^i，相应的凸增成本函数为 $c(x_t^i)$。创新进程由泊松过程描述，x_t^i 为公司 i 获得专利的瞬时概率。构建专利联盟所需的最小专利数量为 $K \leqslant N$，即当出现了 K 个专利后联盟成立，且 K 是公知的非随机常量。联盟的初始成员是先取得专利的 K 个专利权人，它们获得的基本收益流为 $\bar{v}$。另外 $N-K$ 个专利权人取得专利时间较晚，进入联盟时处于绝对的被动地位，仅获得基本收益流 $\underline{v}$。而这 $N-K$ 个专利所创造价值中 $\bar{v}-\underline{v}$ 的部分，由联盟中 K 个初始成员作为“红利”均分。显然，成为先取得专利的 K 个专利权人之一是有利的，因此各公司将在研发速度上展开竞赛。该模型有这样一个显著特点，即尚未取得专利的公司 i 在时点 t 的研发强度 x_t^i，仅与该时点已出现的专利的数量有关，因此整个博弈进程可视为一个马尔可夫过程。首先，对该模型的对称精炼马尔可夫均衡求解表明，总体来看专利联盟对公司研发强度有正的影响。在专利联盟形成前，随着已产生的专利数接近临界点 K，各公司研发强度逐步提高。这是因为较先取得的专利承担较大的时间折扣，且在较早阶段有更多竞赛次数和机会成为 K 个初始联盟成员之一。而在专利联盟形成后，未取得专利的公司的研发强度立即下降到与无联盟情况相同的水平，这是因为联盟的激励作用此时已消失。其次，该研究讨论了初始联盟规模 K 对创新动机的影响，结果表明小规模联盟产生的创新投资激励作用强于大规模联盟。这是因为，较小联盟会相对减少联盟形成之前专利的时间折扣，使每一次联盟形成前竞赛失败的机会成本更大，并使更少的初始联盟成员分享更多其他专利权人的利润。再次，该研究从专利权人整体利益角度，得出联盟会导致事前过度投资，扭曲各专利权人的最优研发投入水平的结论。最后，该研究从社会福利视角，得出联盟组织者有动机推迟联盟建立的时间，以使创新积极性保持在高水平，但这会导致联盟过大而偏离社会福利最优的结论。该研究进一步指出，专利联盟创新效应意义重大，应开展专利价值非对称、讨价还价力量动态变化等情况下的深入研究。

Aoki 和 Ménière（2008）构建了以一个技术标准重复更新为背景的专利竞

赛模型，比较了不同博弈规则对企业研发投资的影响[23]。模型假设联盟中 k 家对称公司共同适用一项技术标准，并为开发下一代标准进行研发投资。当某一家公司（领先者）研发成功，则第 T 代标准被更新为 $T+1$ 代。公司 i 研发强度为 $x_i(T)$，则标准更新遵循概率为 $X(T) \equiv \sum x_i(T)$ 的泊松过程。假设第 T 代标准的价值 $V(T)$ 根据 T 线性增长，即 $V(T+1) = \theta V(T)$，其中 $\theta > 1$。同时，$V(T)$ 为当代整体利润流 $\Pi(T)$，与下一代标准价值与出现概率的乘积 $X(T)V(T+1)$ 之和，折现后减研发总成本 $cX(T)$。据此在一定参数限定下，各公司选择策略 $x_i(T)$ 使自身的标准价值 $v_i(T)$ 达到最优，其中 $V(T) \equiv \sum v_i(T)$。当 $k=1$，即标准由一家公司单独持有，则存在唯一均衡 $X^*(T)$，使标准的价值达到最大化水平 $V^*(T)$。首先，当 $k>1$，即标准由多家公司通过专利联盟联合设置，并且各成员平分各期标准价值的情况下，各企业将分别选择使自身价值最大化的策略 $x_i^*(T)$，使标准价值达到 $V_k^F(T)$ 水平。此时所有公司的整体研发强度 $X_k^F(T) = x_i^*(T)$ 随 k 的增大递减，下行偏离总体最优水平 $X^*(T)$，并且使标准价值 $V_k^F(T)$ 低于最大化水平 $V^*(T)$。这是由于所有成员无论贡献大小，在新一代标准中都获得相同价值，那么标准便有了显著的公共产品属性，进而“搭便车”的动机导致整体研发投入不足。其次，新一代标准中新成员的加入与网络效应，可能弥补甚至抵消联合标准更新投入不足问题。此时标准是开放的，外部某公司可以通过成功研发加入联盟，与原有公司平分下一代标准的收益。同时有 $\partial \Pi / \partial k > 0$，即标准的网络效应，标准整体利润流随着联盟成员数量增加而提高。在此情况下，且存在临界值 $Z > 0$，当 $\partial \Pi / \partial k > Z$ 时，新成员的加入会提高均衡研发投资水平和标准价值。也就是说如果开放标准的网络效应足够大，新联盟成员的研发投入可弥补原有成员“搭便车”造成的投入不足，进而使标准价值得到优化。再次，当标准有私人产权性质而非完全公共的，即改进标准的公司可获得更高收益时，非对称收益引入可消除公共标准中研发投入不足的问题。此时标准价值 V 被分为两部分，其中份额 $\Delta > 1/k$ 由领先者获得，其余份额 $1-\Delta$ 由 $k-1$ 个跟随者平分。此时均衡研发投入 $\hat{X}$ 随 Δ 提高递增，且随 k 的增加递增。那么当 Δ 或 k 高达一定程度时，有 $\hat{X} \geqslant X^*$，但始终有标准价值 $\hat{V} \leqslant V^*$。也就是说，领先者的高收益可激励研发投资，但也可能导致过度投资的结果。那么进一步，存在

一个最优分配参数 $\Delta^*(k)$，使研发投资和标准价值达到最优水平。该研究结论表明，通过专利联盟联合设置标准，可能存在更新研发投入不足的扭曲，但可以通过联盟准入规则和分配规则的优化设计来校正。

Llanes 和 Trento（2009）构建了一个以专利累进为特点的序贯创新模型，比较联盟和非联盟情况下各阶段创新出现的可能[25]。该模型包含终结点不确定的一系列创新 $n = 1,2,\cdots$，创新 n 的出现是以前面 $n-1$ 个创新为基础的。即博弈的持续性是内生的，当且仅当某创新出现，后续创新才可能进行，否则博弈结束。每一阶段研发结果都是确定的，即投入成本 ε 后即可获得一项有效期无限的专利。各创新者使用专利必须向之前的专利权人缴纳许可费，即创新总成本为研发费用和许可费用之和。创新 n 的商业价值 v_n 是 0 ~ 1 之间均匀分布的随机变量，其累积分布函数 $F(v_n) = v_n$。各专利权人在最终产品市场上是完全价格歧视者，也就是说 v_n 等同社会总剩余，并将由专利权人 n 完全获得。无专利联盟情况下，在创新 n 产生时博弈如下：在阶段1，前 $n-1$ 个专利权人制定对该创新的许可价格 p_n^i；在阶段2，由自然根据分布函数 $F(v_n)$ 选择一个 v_n；在阶段3，创新者决定开发（$I_n = 1$）或不开发（$I_n = 0$）该创新。在该博弈中，创新者的决策根据创新净收益是否大于零，而各专利权人的选择根据预期利润最大化原则。那么如许可价格过高，创新很可能不发生，专利权人将不能获得此次及以后的许可收益。而如果价格过低，专利权人许可收益过小，因此存在一个对称均衡许可价格 p_n^*。有专利联盟情况下，在创新 n 产生时，先由联盟按照整体期望收益最大化的原则，为前 $n-1$ 个专利权人制定对称的许可价格 p_n^{**}。且如果创新 n 确实发生，那么专利权人 n 将在其后博弈中自动进入联盟。不同情况下模型的精炼马尔可夫均衡表明，首先无联盟情况下，由于累积许可费过高，创新可能性随已存在专利的数量增加而降低，逐渐趋近于0。这是由反公共品效应引起的：专利权人 i 根据边际收益与边际成本相等原则设置许可价格，但由于交叉价格效应，该许可价格会使专利权人整体边际成本过高，即专利权人市场力量缺乏协调导致 p_n^* 过高。其次专利联盟情况下，各阶段创新发生可能都维持在第二次创新的水平上（模拟结果约58%），且在第三次之后的创新发生可能性，与无联盟情况相比有大幅度提高。这是由于联盟制定的 p_n^{**} 协调了各专利权人的市场力量，是整体边际收益与边际成本相等的合理水平。再次，该研究引入一个专利权人向创新者完全转让专利权的机制，得到与联盟情况同样的优化结果，证明了专利联盟机制可以被其他机制“复制”。但是因为创新在产生前是难以描述的，所以完善的专利转让合同难以拟定，这就使专利联盟比所谓替代机制更易实施。最后，该研究通过引入联盟的内生形成讨论了专利联盟的稳定性。此时如创新 n 发生，且之前专利已经结成联盟，专利权人 n 将在第 $n+1$ 次博弈中自由选择是否进入联盟。结果表明当 $n \geqslant 4$ 时，专利权人 n 选择不加入（或阻碍）联盟获取更多利润，因此专利联盟是动态不稳定的。此结论进一步说明，专利联盟的有效建立需要政府等外部力量的支持。

2.3.2 平行模型

此类研究模型大都基于专利联盟垄断性分析模型衍生而来，各专利是平行关系，且专利研发决策互不影响。其基本研究思路是，在专利联盟模型之前或之后增加研发博弈的步骤。

Lerner 和 Tirole（2004）在更加丰富的多专利关系背景下，讨论了专利联盟的存在对事前创新的影响[8]。在该模型中，多项专利间关系不必是完全替代或完全互补关系，而是被赋予介于这两个端点间一定程度的替代性（互补性）。该研究的第一个立足点是：无论专利间的关系是互补还是替代，联盟都会使专利权人整体利润提高——互补专利进入联盟，会消除“多重边际”引起的许可价格过高的问题；而替代专利加入专利联盟，可以避免激烈价格竞争引起的许可价格过低。其第二个立足点是知识经济学中的一个通用命题：研发投资水平（或创新率）会随成功研发（或取得专利）所带来的利润增长而提高，二者是正相关关系。也就是说，专利联盟对创新动机的事前影响，主要取决于它会如何影响成员企业的预期利润。由这两方面命题，可得到的关于专利联盟对事前创新影响的结论性推论为：无论专利间关系如何，各企业加入专利联盟的利润都多于无联盟的独立许可利润。那么在事前研发竞赛阶段，各参与企业在事前预期会加入一个专利联盟，他们的期望利润会增加，由此他们的研发投资水平也会提高。该结论与 Denicolo（2002）的研究[21]在有联盟情况下，第二阶段专利竞赛研发投资总额增加的结论本质是同一的。该研究进一步指出，专利联盟还可能导致研发投资过度或无实用价值专利产生等情况，因此对专利联盟长期福利影响的事前分析是复杂和模糊的，提高事后市场效率的联盟不一定不会损害动态社会福利。但可以肯定的是，损害社会福利的联盟一般具有很强替代性，由此可以保证在专利市场垄断、需求为线性、联盟允许成员独立许可等条件约束下，专利联盟不会损害长期社会福利。

Lerner 等（2007）在“结构—行为—绩效”框架下讨论了专利联盟对其成员事后创新的影响[42]。其中“结构”是指联盟内专利间的（替代—互补）关系；“行为”指联盟规则包含的独立许可和回授（联盟成员的事后阻碍性专利，必须无偿或低价转入联盟）条款；“绩效”指联盟成员事后研发行为。该研究将事后创新分为两类：一是阻碍性专利，即在联盟成立时尚未被开发出来，但对联盟技术有效使用必不可少的“缺失组件”；二是附加创新，即联盟成员将其专利独立使用在与联盟无关的其他方面的创新，这种创新创造的是全新的单个专利的用途，因与联盟整体无关而不增加联盟技术的价值。阻碍性专利的产生，主要受到回授条款存在与否的影响。当某联盟成员获得了一个阻碍性专利，在不回授给联盟的情况下可以由阻碍联盟获得高利润，或者通过与联盟讨价还价分得联盟的大部分利润，但在回授给联盟的情况下没有任何可观收益。因此，回授条款的存在会消除联盟成员开发阻碍性专利的动机，由此抑制了此类创新的产生。附加创新的产生，主要受到联盟是否允许成员独立许可的影响。当某联盟成员获得了一个附加创新，在可以独立许可的情况下，专利权人可以自由对外许可附加创新来获得垄断收益。而在独立许可被禁止的情况下，专利权人必须与联盟讨价还价才可能实施许可，联盟便可以凭借这一过程侵占其垄断收益。因此，禁止独立许可会削弱联盟成员开发附加创新的动机，由此抑制其产生。该研究进一步建立“结构”与“行为”的对应关系。一方面，成员的独立许可不会对互补专利联盟收益产生任何影响，但会使替代专利联盟不稳定（unstable），导致联盟的存在失去价值。另一方面，阻碍性专利权人可能会控制联盟，而回授条款则可以消除这种威胁。一般来说，被控制的风险对互补专利联盟来说是非常大的，而替代专利联盟被控制的可能却非常小。综合上述两个方面，互补专利联盟一般会要求回授，并允许独立许可，替代专利联盟一般不会要求回授，并不允许成员独立许可。据此可得到专利联盟对后续创新的影响为，“互补专利联盟—要求回授—抑制阻碍性专利”，和“替代专利联盟—不允许独立许可—抑制附加创新”。该结论表明，政策制定者对专利联盟事后创新推动作用的估计可能过分乐观，联盟的一些具体条款很可能会抑制创新，应加大这方面的审查力度。

Kwon 等（2008）在纵向市场模型基础上，前置增加了研发投资的博弈步骤，分析了专利联盟对事前创新动机的影响[24]。该模型描述了一个信息完全的垂直结构市场，该市场由上下游两部分构成，上游是专利市场，下游是同质产品市场。有三类企业在该市场上活动：第一类是 k 家既在上游进行专利许可，又在下游从事产品生产的纵向一体化企业（I 企业）；第二类是一家仅在上游从事专利许可的专业研发企业（R 企业）；第三类是 n 家仅在下游从事产品生产的专业生产企业（M 企业）。每家 I 企业和 R 企业有且仅有（或正开发）一项下游生产所必需的共 $k+1$ 项互补专利，而 I 企业和 M 企业共同使用这些专利生产同质产品。上游市场可能产生两种专利联盟：一是全部 I 企业结成的不完整联盟，二是全部 I 企业和 R 企业结成的完整联盟。市场参与者进行三阶段博弈：在阶段 1，I 企业和 R 企业在 Reinganum（1983）的专利研发模型[46]框架下投资并获得专利；在阶段 2，各上游市场主体（I 企业、R 企业或联盟）同时制定各自线性许可费价格；在阶段 3，I 企业和 M 企业在下游展开古诺—纳什竞争，同时决定各自产量。首先，该模型在不同情况下精炼纳什均衡比较表明，专利联盟会对 I 企业和 R 企业的研发投资产生不同程度的激励，激励强度由 I 企业和 M 企业的数量及配比决定。且当 I 企业数量相对很大时，联盟对 I 企业的创新激励不受 M 企业数量的影响。其次，I 企业和 R 企业的研发投资是策略互补的关系，即 I 企业增加研发投资会使 R 企业增加投资，反之亦然。再次，完整联盟和不完整联盟对企业研发投资激励是非对称的，但在有联盟情况下各类研发投资都会比无联盟情况要高。最后，该研究强调，反垄断部门降低对专利联盟的管制力度，或通过政策法规促进、推广专利联盟，都将有助于鼓励企业研发投资。

Clark 和 Konrad（2008）建立了一个多重同步的互补专利研发竞赛模型，讨论了排他使用权交易、无专利交易、专利许可协议和专利联盟四个不同的专利交易体制对竞赛强度和市场均衡的影响[47]。该模型假设，垄断市场价值为

M 的创新产品，必须同时使用 $n > 1$ 项互补的必要专利完成。市场上有 A、B 两家风险中立的公司进行相关专利研发，进行如下三阶段博弈。在阶段 1，A、B 两公司进行 n 次同步专利竞赛。n 项必要专利每一项都是一次独立竞赛的结果，A、B 两公司同步制定策略 $x \equiv \{x_1, x_2, \cdots, x_n\}$ 和 $y \equiv \{y_1, y_2, \cdots, y_n\}$，其中 $x_i \geqslant 0$ 和 $y_i \geqslant 0$ 分别为两公司第 i 次竞赛中的投入。各公司在第 i 次竞赛中胜出的概率，由其投资占总投资的比例决定。向量 $z = \{z_1, z_2, \cdots, z_n\}$ 表示阶段 1 结束后，专利所有权在两公司间的分布。其中 $z_i \in \{a, b\}$，$z_i = a$ 表示专利 i 由 A 公司获得，$z_i = b$ 表示专利 i 由 B 公司取得。在阶段 2，基于既定专利所有权分布 z 和既定的专利交易体制下，A、B 两公司进行专利权的交易谈判。排他使用权交易体制是其他交易体制的参照基准，该体制下，每一项专利仅供一家公司使用，任何一家公司进行创新产品生产，都须通过赢得全部专利竞赛或购买另一家公司专利来控制 n 项专利的使用权；在无专利交易体制下，仅当一家公司赢得全部专利竞赛时，产品创新才能产生；在专利许可协议体制下，两公司可共享专利，即两公司不能交易专利的排他使用权，但可以就特定专利进行有偿对外许可；在专利联盟体制下，两公司不能交易专利排他使用权或对外许可，而是将所有的信息和专利投入联盟中，并可共同使用。在阶段 3，拥有专利使用权的公司在市场上实现其利润。博弈均衡表明，首先，互补专利数量 n 会对各企业总体研发投资规模 $\sum x_i + \sum y_i$ 产生负面影响。这是由于随着互补专利数量增加，任何一家公司赢得全部专利竞赛的可能会变得非常小。但若每家公司至少拥有一项专利，则它们都拥有了博弈中的“否决权”，因此每家公司拥有 1 项、2 项乃至 $n-1$ 项专利的结果都是相同的，这就使这 n 次同步专利竞赛不值得过多投资。其次，在一家公司领先获得部分相关专利，而另一家未获得的非对称初始情况下，领先公司利润得到了一定的保证。但由于领先公司积极参与专利竞赛的收益过小，削弱了它对其他专利研发投资的动机，最终达到一个以一定概率参与各次竞赛的混合策略均衡。而在两家公司都已获得部分专利的情况下，它们都将停止对其他专利研发投资。这是由于在此情况下投资的边际收益为零。再次，上述结论对专利交易体制的变化具有鲁棒性，两公司均衡研发投资额不会受到专利交易体制的影响。但是，专利交易体制却会对公司预期利润和消费者剩余产生影响。在四种专利交易体制下，专利联盟将产生最大的公司预期利润和消费者剩余，这表明成立专利联盟对企业和消费者来说都是有利的。该研究表明，在一个没有对外许可的封闭系统中，专利联盟不会激励研发投资。专利联盟对研发投资的激励作用（如果有）更可能来源于对外许可的情况。

2.3.3 实证研究

Lampe 和 Moser（2008）指出，多数专利联盟理论模型预测联盟会鼓励并加速创新，但现代专利联盟的存续时间尚短，无法用以证实这一预测[26]。因此该研究选取世界上第一个专利联盟——缝纫机联盟（1856—1877 年）的相关时间序列数据（18 世纪 40 年代至 70 年代），分析了专利联盟的创新效应。首先，该研究通过诉讼数据讨论了专利联盟对各方诉讼风险的影响。数据显示，1856 年以前，重叠专利授予导致了相关企业激烈的诉讼，而联盟协议的签署终止了这种情况。1856—1877 年，涉及专利联盟成员的诉讼数量不足全行业的 1/3，且在 48 起诉讼中只有一起是以成员企业为被告的，这说明联盟降低了成员企业的整体诉讼风险。而在上述 48 起诉讼中，有 45 起的被告是联盟外部企业，且其中 20 起的原告是联盟成员或联盟本身，这说明联盟提高了外部企业的诉讼风险。其次，该研究通过专利数据讨论了联盟对专利申请的影响。时间序列数据显示，联盟成立预期会激励相关企业申请更多专利，而联盟一经成立，相关专利申请数量则迅速降低，这与 Dequiedt 和 Versaevel（2007）模型[22]结论是基本一致的。并且随着联盟解散，相关专利申请出现了一次高潮，这说明专利联盟对相关专利申请有负面影响。再次，为辨识上述专利联盟对专利申请影响的实质，是降低了技术创新速度，还是仅抑制了策略性专利申请行为，该研究引入了“每分钟针数”这一标识缝纫机技术发展程度的变量，据此讨论了专利联盟对技术创新的影响。结论表明，缝纫机行业创新速度在专利联盟存续期间明显降低，即便在行业需求显著增长的情况下（如南北战争时期军装需求非常大），缝纫速度也基本没有提高，此状况直到联盟解散后才有所改善。因此可认为专利联盟抑制了缝纫机行业中的技术创新。该研究将导致此情况的原因解释为：其一是专利联盟使外部企业创新行为面临更高诉讼风险，其二是使技术创新的努力方向转向其他次要领域（Lampe 和 Moser，

2009)[27]。该研究进一步强调，不应过分乐观认为专利联盟一定是鼓励创新的，应重视其潜在（尤其在缺乏规制的环境下）抑制创新的风险。

Lampe 和 Moser（2009）指出，虽然基本（essential）专利联盟促进竞争和创新的作用已得到普遍认同，但是此类联盟要求专利“内部互补、外部无替代”实际上是难以满足的[27]。在实践中，联盟外部往往存在与内部替代的专利，反垄断部门也非常担忧这样的联盟会“不合理地排斥联盟外竞争性专利（DOJ，1999）”，由此抑制联盟之外替代性技术的发展。针对此情况，该研究根据缝纫机联盟相关历史数据，检验了专利联盟是否会抑制竞争性技术创新出现。缝纫机联盟包含 9 个用于生产高质量缝纫机的必要专利集，其中的“锁缝”（lock stitch）专利集，在联盟外存在“链缝”（chain stitch）这一显著的替代技术。首先，该研究的基本分析是，比较锁缝专利、链缝专利和其他缝纫机相关技术专利，在专利联盟建立前、运营中和解散后的年度数量变化。为验证回归结果的鲁棒性，该研究在回归模型中引入了先存时间趋势，将样本限制在高质量专利、主要专利集、截至 1865 年仍有效的专利集等控制，并将结果与基于新产品出现的回归模型结果进行对照。模型结果显示，1856 年之前，锁缝和链缝技术专利数量基本相等；1856—1877 年，链缝技术专利增速明显超过锁缝；1877 年后，锁缝技术专利迅猛增加，而仅有很少的链缝技术专利出现。1856—1870 年，链缝技术专利每年增长 2.7 ~ 3.3 个，显著高于全行业 0.9 个的平均专利增数，而专利联盟对链缝技术的这种激励效应以 0.2 个/年的速度逐年递减。该结果说明，缝纫机行业中的专利联盟非但没有抑制，反而鼓励了竞争性技术创新的产生。其次，由于专利数据无法分辨研发活动实际改变与企业策略性专利申请，该研究分析了 1850—1885 年进入该行业使用的机器类型数据。数据显示，1856 年以前，少于 25% 的进入者使用链缝技术；1856—1877 年，有 50% 以上的进入者使用链缝技术；1878—1885 年，几乎所有的进入者都使用锁缝技术。该结果说明，联盟出现确实提高了替代技术的市场占有率。再次，该研究通过使用两类技术企业失败率的比较，分析了专利联盟对竞争和市场结构的影响。数据显示，采用链缝技术的企业生存率较采用锁缝技术的企业要低得多。这说明采用替代技术的企业市场竞争力较低，专利联盟的垄断力量迫使新进入的企业转向了质量较低的技术。最后，该研究对新进入企业使用低质量替代技术的原因进行了规范分析：其一是避免与强大的联盟发生侵权诉讼；其二是为了与联盟企业生产的产品有垂直差异——退出无力竞争的高端市场，转向低质低价的替代品生产。该研究还进一步强调，模型数据显示，专利联盟对竞争和创新的影响还依赖于互补、替代等专利属性之外的因素（如联盟内企业组织结构），应加强对这些因素的实证研究。

2.3.4 小结

上述研究表明，专利联盟在形成前对研发投资的激励作用显著，联盟形成后可能因垄断力量在某些方面抑制创新，但可以通过一些限制性政策加以避免。当前片断化和重叠专利日益膨胀引发了“反公共品悲剧”，集中表现为创新被专利权人多重阻碍，新技术难以被充分利用。Chu（2007）根据 R&D 驱动的广义阶梯增长模型对美国 1956—2004 年历史数据的分析表明，阻碍专利对研发投资和技术使用有严重负面影响，如消除阻碍专利，研发投资和技术使用每年至少分别增加 12% 和 4%[48]。Cayseele 和 Reynaerts（2007）指出，专利联盟可以消除相互阻碍，有助于新技术的实施与推广，是在累积创新环境下知识产品的开放利用路径[49]。同时联盟为其成员搭建了研发信息交换的平台，能降低后续研发的不确定性并减少专利交叠的情况。Dequiedt 等（2007）[50]对生物和信息技术等行业的现代专利联盟的分析表明，专利联盟一方面通过传播多样化信息、减少交易成本和价格管理等职能，推动专利技术的交易；另一方面又能够促进各种合作创新组织的建立，改善企业联合创新的进程。同时联盟知识产权的集成管理本身就是一种组织创新，对现有专利系统的许多问题有缓解作用。这些研究表明，促进创新是现代专利联盟创新效应矛盾的主要方面。

2.4 专利联盟的形成问题

2.4.1 问题根源

经典研究多认为，政策约束尤其是反垄断规制，是制约专利联盟形成的关键（甚至唯一）因素（Gilbert，2004；Lerner 和 Tirole，2004）[40,8]。但各国的政策优待并未使专利联盟数量明显增加这一现实，引导学者们将研究切入点从外生的“政策”因素转向内生的“激励”因素。

Aoki 和 Nagaoka（2004）认为，基本专利持有者拒不加入联盟，从而使联盟无法形成的根本原因在于“搭便车”和“谈判失败”两方面问题[28]。首先，该研究通过同质企业模型揭示了专利联盟形成中的“搭便车”问题。上游 $n \geqslant 3$ 家公司，除1家公司以外，其他 $n-1$ 家公司结成一个均分收益的专利联盟，则此时市场参与人为一个专利联盟与一个外部专利权人。每家公司拥有一项生产特定产品所必需的基本专利，并向下游许可。下游生产商必须购买全部 n 项专利许可才能生产出该产品，且下游市场完全竞争。产品价格为 P 时市场需求由函数 $D(P)$ 表示。且由于 n 项专利都是基本的，$D(P)$ 也是对这些专利整体以及其中任意一项许可的需求量。两家专利许可主体在上游市场展开价格博弈，p_0 为联盟打包许可价格，p_1 表示外部专利许可价格。由于各专利是互补的，因此两方许可价格战略替代，联盟和外部专利权人最优反应曲线分别为 $R_0(p_1)$ 和 $R_1(p_0)$。由于两方持有的专利都是基本的，因此两条反应曲线是对称的，与各自持有的专利数量无关。两条反应曲线交点 $N(p_1^*, p_0^*)$ 是唯一纳什均衡，联盟和外部专利权人的许可价格利润相等。如外部专利权人加入了联盟，联盟根据一阶条件 $D(p+\alpha)+pD'(p+\alpha)=0$ 制定最优许可价格 p^*，根据 Cournot－Shapiro 效应有 $p^* < p_1^* + p_0^*$。而当外部专利权人成为联盟成员时，将获得联盟利润的 $1/n$，这不符合它的最优反应 $R_1(p_0)$，因此使其利润劣化，且扭曲随着 n 的增大变得更加严重。这表明企业作为外部专利权人会获得更高利润，而加入联盟则会导致利润下降，尤其当联盟成员数量较大时。从另一个角度看，联盟外基本专利持有者保持高价格的同时可将联盟增加销量的影响内化，“搭联盟的便车”比加入联盟获得的利润更高。其次，该研究通过异质企业模型揭示了“谈判失败”问题。有三家异质企业在市场上活动：第一家是既在上游进行专利许可，又在下游从事产品生产的纵向一体化企业（V 企业）；第二家是仅在上游从事专利许可的专业研发企业（R 企业）；第三家是仅在下游从事产品生产的专业生产企业（M 企业）。V 企业和 R 企业各拥有一项产品生产必需的专利向下游许可。V 企业和 M 企业分别是下游两个细分市

场的垄断者，且两市场的反需求函数同为 $P(q) = 1 - q$ 。市场参与者进行两阶段博弈：阶段1，上游主体（包括V、R或联盟）制定专利许可价格；阶段2，下游厂商（包括V、M企业决定各自产量）。在无联盟且R企业有先动优势（SQ）、无联盟且同步制定许可价格（IE）、联盟以许可收入最大化为原则（RY）、联盟以成员利润最大化为原则（PF）等情况下的均衡表明，R企业利润 $\pi_R^{SQ} > \pi_R^{IE} > \pi_R^{RY} > \pi_R^{PF}$，即专业研发企业在无联盟情况下获得利润较高，V企业利润 $\pi_V^{PF} > \pi_V^{RY} > \pi_V^{IE} > \pi_V^{SQ}$，即纵向一体化企业在有联盟情况利润较高。这种情况是V企业和R企业利润结构差异造成的，由于R企业没有生产利润，无法与V企业以及联盟利益保持一致，由此产生了不加入联盟的动机。进一步，该研究发现成员异质性使“合理”的许可费率难以确定，而如果政府强制将许可费率限定在低水平，可能妨害竞争和创新。

Aoki和Nagaoka（2005）在Maskin（2003）联盟序贯谈判[51]的框架下，对基本专利持有者无法形成完整联盟的问题进行了讨论[29]。该研究首先由Cournot - Shapiro模型分析了部分专利权人结成联盟的效应，作为序贯谈判的基础。n 家专业研发企业（R企业）每家拥有一项生产特定产品所必需的基本专利，通过收取单位许可费 r_i 对外许可。显然 n 越大则多重加价的情况越严重，而部分专利权人结成联盟相当于减少了 n ，因此有正的外部性。如联盟利润比无联盟情况其成员利润之和多，那么联盟是超累加的（super - additive），反之是次累加的（sub - additive）。通过模型均衡比较可得，仅当联盟规模超过了临界水平才是超累加的，该临界水平随 n 的增加递增，且当 n 很小时仅完整联盟是超累加的。序贯谈判规则为，各企业依次选择是否加入联盟，当有企业加入则联盟形成，由该（唯一）联盟与后面企业讨价还价。首先，不同R企业数量情况下谈判结果的比较表明，完整联盟仅在 n 很小时出现，当 n 很大时外部专利权人的出现无法避免；同时联盟组建还会被“消耗战”延迟，即一个企业有动机等待其他企业先进入联盟，由此获得谈判中的后动优势。其次，纵向一体化企业（V企业）的谈判结果表明，当 n 足够大时，将存在一个不完整联盟是超累加的。这是由于，虽然更大的联盟能更有效地减少多重加价，但外部专利权人的许可费也会随之增加，当后一效应占主导时联盟会减少成员利润。再次，V企业和R企业并存情况下的谈判结果表明，联盟对V企业的吸引力比对 R 企业更大，从另一个角度看，R 企业作为外部专利权人的收益比 V 企业更大，因此更倾向在外阻碍联盟以获取更多利润。最后该研究对 DVD、3G 和 MPEG2 进行了案例研究，证实了上述结论成立。进一步该研究建议：①联盟须阐明 RAND 许可原则的内涵，特别是每项专利的合理许可费率；②要求基本专利持有者发布标准规范的同时披露整个标准的许可价格；③联盟应拟定这样的制式条款选项，当且仅当某专利对联盟标准是基本的，其持有者自愿在 RAND 框架下提供联合许可。这些措施可使基本专利权人在事前承认联盟标准，并使联盟外基本专利权人难以自由制定许可价格，进而促进联盟形成。

Aoki 和 Nagaoka（2006）在 Aoki 和 Nagaoka（2005）[29] 的基本研究框架下，引入分区函数描述专利权人逐步结成联盟的状态，讨论了有效用转移和外部性存在的情况下，基本专利权人是否会加入专利联盟[30]。该研究的基础仍然是 Cournot – Shapiro 模型，但与 Aoki 和 Nagaoka（2005）[29] 的基本区别是，模型均衡可能有多个联盟存在而非唯一，且考察的关键在于“是否能形成联盟”而非“是否能形成完整的联盟”。该研究的模型中，n 个专利权人的集合 $N = \{x_1, x_2, \cdots, x_n\}$，将在序贯谈判过程中进入分区集合 $\pi = \{M_1, M_2, \cdots, M_l\}$ 中，其中 $l \leqslant n$。每一个分区可代表一个联盟或独立专利权人，作为市场主体独立设置许可费率。序贯谈判博弈进程为，各专利权人依次收到加入联盟的要约，该博弈无阶段 1，而是由阶段 2 作为初始，以阶段 n 作为结束点。在阶段 2，x_1 向 x_2 发出联盟要约，如 x_2 接受则出现联盟 $M_1 = \{x_1, x_2\}$，如果 x_2 拒绝则产生两个分区 $M_1 = \{x_1\}$ 和 $M_1 = \{x_2\}$。在其后的阶段 k（$2 < k \leqslant n$），$k-1$ 个专利权人已形成了 l_k 个分区，由分区 M_i 依次向 x_k 发出加入要约 b_i，其中 $i = 1, 2, \cdots, l_k$。如果 x_k 承诺了某 M_i 的要约，则在下阶段 $M_i = M_i \cup \{x_k\}$，且分区数不变；反之如 x_k 拒绝了所有要约，便在下阶段成为一个新的分区，分区数加 $l_{k+1} = l_k + 1$。该模型有如下两方面特点，其一是在任何阶段，如果有两个或更多联盟已形成，那么对新的专利权人发出的加入要约都会被拒绝；其二是当 $n \geqslant 4$ 且 $l_k = 1$ 时，在 $k \leqslant n-2$ 的阶段的加入要约都会被拒绝，即当阶段 k 之前的所有都加入了一个联盟，且剩余 3 阶段以上的博弈，x_k 不会接受该联盟的要约。由上述两方面特点易推出，当 $n \geqslant 4$ 时，模型精炼子博弈均衡中

没有要约会被接受，也就是没有联盟形成。即当基本专利权人数量较大时，即便小范围的不完整联盟也是无法实现的。该研究进一步引入 Ray 和 Vohra（1999）内生联盟形成博弈过程[52]，来验证上述命题的鲁棒性。该过程的不同之处在于，加入联盟的邀请同时向联盟发起者选中的所有专利权人发出，所有接到邀请的专利权人都接受联盟才成立，且该联盟不再接纳新加入的成员，成员间的利益分配在发出邀请时已固定。在此情况下模型有多个均衡，但当 n 较大时，均衡中独立专利权人总会存在，完整的联盟不会出现。这表明，在当前基本专利数量日益增加的环境下，专利权人自发的序贯谈判无法保证联盟的有效形成，因此可能需要外部力量的干预才有望解决联盟形成困境。

2.4.2 解决路径

目前学者们已着手从外部政府规制和联盟内部规则等不同角度解决专利联盟形成困境，提出了一些有价值的方案。但这些方案有较强的局部性特点，仅能在一定程度上缓解问题，根本性的整体解决还有待深入研究，而这也应成为今后研究的重点。

Layne－Farrar 和 Lerner（2008）从联盟结构和规则角度讨论了提高相关专利权人加入联盟动机的条件[32]。该研究假设，专利权人业务模式、专利价值分布和联盟收益分配规则三方面因素能显著影响专利权人加入联盟与否的决策，进而通过电子信息领域与 9 个重要专利联盟相关的 170 家专利持有企业为样本对上述假设进行了实证。该研究假设 1 认为，相对专业研发企业来说，纵向一体化企业更倾向加入专利联盟。这是因为纵向一体化企业加入联盟能够在降低其产品成本的同时获得更多的专利许可收入。而专业研发企业没有产品生产业务，利润的唯一来源是专利许可收入，因此尽管此类企业也并不希望总许可费过高，以至于过度减少许可数量，但专利联盟利润分配规则普遍不考虑企业业务类型的差别，令此类企业利润不足，产生了“避开联盟的动机”。假设 2 认为，在专利价值对称的情况下专利权人更倾向加入联盟，而在专利价值分布不对称情况下联盟的加入率比较低。这是因为在专利价值不对称时，价值较大专利在其未被其他价值较小专利“冲淡”时，在许可谈判中可能得到更多许可收入，同时价值较小专利的持有者又不愿意接受过分向价值较大专利倾斜的“不公平”联盟规则。这种矛盾使联盟谈判中的摩擦加剧，导致联盟形成受到影响。反之，在专利价值对称时上述矛盾较小，联盟形成可能较大。假设 3 认为，专利联盟的收益分配规则能够影响潜在成员企业的加入决策。三种比较常见的专利联盟收益分配规则如下。①无收益分配的免费许可规则。该规则仅被 Bluetooth 等少数现代专利联盟采用。该规则可能仅能吸引少数执行策略性行为的纵向一体化企业，而对专业研发企业的吸引力很小，因此对潜在成员加入动机有较强负面影响。②数量比例规则，各成员以投入联盟中的专利数量作为收益分配份额的基础。该规则在实践中被 2/3 以上专利联盟采用，且多数经典理论模型中隐含假设对该规则的抽象。该规则可能吸引持有较多价值较小专利的企业加入，但不能吸引仅持有较少价值较大专利的企业，因此对潜在成员加入动机有负面影响。③价值比例规则，成员以投入联盟中的专利总价值作为收益分配份额的基础。“专利价值”在现实中有多种确定方式，包括多边谈判结果、专利寿命、被侵犯的概率以及对既定技术的重要性等。虽然该规则可能在对专利评估中产生较大成本，且延长联盟谈判过程，但对各类潜在联盟成员是最“公平”的，因此对成员加入动机有正面影响。首先，样本的描述统计特征表明，多达 1/2 至 2/3 具备条件的企业选择不加入联盟，专利联盟普遍面临较严重的形成困境。其次，假设 1、假设 2 的检验结果有显著性。再次，假设 3 的检验结果显著性相对不足，但仍具有显著性倾向，这可能是由收益分配规则的内生属性和样本数量有限造成的。该研究针对上述结果给出的促进专利联盟形成的建议为，加大对联盟中专业研发企业的分配，弥补其缺失的生产利润，并采用价值比例规则分配联盟收益，以此促进利益相关企业加入联盟。

Lévêque 和 Ménière（2008）从联盟成立时机的角度讨论了促进联盟形成的问题[33]。该研究设置的市场由上下游两部分构成，上游市场为 Cournot - Shapiro 模型的基本框架，下游 n 家寡头厂商展开产量竞争。特别的，下游厂商进入该市场须支付 E，它表示采用特定技术的固定成本。事后联盟情况下的博弈进程为：阶段 1，下游厂商进入该市场并支付固定成本；阶段 2，专利联盟形成；阶段 3，专利联盟和未加入联盟的独立许可者同步制定许可费率。在此博弈中，当上游专利权人数量 $k = 2$ 时，专利权人会创立一个专利联盟。而当 $k > 2$ 时，任何两个专利权人都无意愿创立联盟。且当 $k \geqslant 4$ 时，任何规模的联盟都不是精炼纳什均衡。显然，这一结果与 Aoki 和 Nagaoka（2005）序贯谈判模型[29]的结果基本一致，且造成该结果的原因都是“消耗战”和“搭便车”问题。事前联盟情况博弈进程为：阶段 1，专利联盟形成；阶段 2，联盟承诺一个许可费水平；阶段 3，下游厂商进入该市场并支付固定成本；阶段 4，独立专利权人制定许可费率。该进程隐含了“联盟的许可费率承诺有约束力，而独立专利权人的许可费率自由制定”的假设。在此博弈中，当 $k=2$ 时，完整联盟总是纳什均衡；当 $k=3$ 时，完整联盟在一定市场条件下是纳什均衡；当 $k\geqslant 4$ 时，完整联盟不是一个纳什均衡，但存在一个事前联盟均衡，在此均衡下独立专利权人数量 $2<l^{*}<k$，而联盟规模为 $k-l^{*}$。上述两博弈进程均衡的比较表明，非合作专利联盟在生产商已进入下游市场（或已支付固定成本 E）的情况下几乎不可能形成，反之，一个稳定（但不完整）的专利联盟在事前总会出现。进一步，事前联盟与事后联盟（如出现）产生的市场效率也是不同的，事前联盟较事后联盟会更大幅度地提高社会福利。这是因为虽然事后联盟能够解决“多重加价”问题，但却无法解决“敲竹杠”问题，过高的事后许可费无法吸引足够生产商进入下游市场。而事前联盟可信的承诺可促进更多生产商进入下游市场，由此产生更高许可收益，并加强了专利权人加入联盟的动机。该研究根据上述结论给出下述两点建议。其一，政府应接受乃至支持标准设置中关于许可价格的早期协议。以往政府基本视标准设置中关于许可价格的讨论为合谋垄断行为，这迫使标准设置组织成为纯粹的技术协会，不能成为事前专利联盟。政府限制的放松可能有利于一些标准设置组织向事前专利联盟转变。其二，事前联盟强化其许可费水平承诺的可置信性。事前联盟之所以是“双赢”的，是因为其可置信的许可费水平解决了“敲竹杠”问题，使下游市场有更多生产商进入。如果其承诺是不可信的，事前联盟将退化为事后联盟，稳定性和效率性都会大大降低。例如，计算机内存技术标准设置组织 VITA 协议包含这样的特别条款——成员承诺其基本专利的最高许可费率，如果不能履行承诺，则须免费对外许可该专利——大大加强了许可价格的可信性。

Gilbert（2009）在总结关于专利联盟的反垄断及侵权诉讼司法案例、重大事件、多边谈判实例以及经典理论研究的基础上，多角度描述了阻碍联盟形成的各种因素，并提出了几点促进联盟形成及鼓励潜在成员加入的措施[53]。在影响联盟形成的因素讨论中，该研究着重强调了以下五个方面。①潜在成员商业策略的分歧。由于专利是重要的战略优势来源，而各潜在成员长、中、短期目标有很大差异，甚至利润结构是根本不同的（如专业研发企业和纵向一体化企业），因此很难统一于完整联盟中。②联盟制定足够高的许可费率的能力。如果联盟许可费率较低，将会给潜在成员留下独立收取高额许可费的空间，使它们更有动机不加入联盟。反之若联盟能将许可费率固定在较高水平，则外部专利权人的许可收费空间被压缩，此时加入联盟可能是更有利的。③关于专利侵权损害救济的法律。一些法律条款可能给予单个专利权人与其所拥有的专利数量不相称的讨价还价力量，如允许专利权人申请中止潜在侵权行为的禁令的条文，使单个专利权人拥有了全部谈判优势。这导致了单个专利权人不必依托联盟的力量与被许可者进行谈判，由此弱化了其加入联盟的动机。④联盟的收益分配规则。该方面因素影响与 Layne – Farrar 和 Lerner（2008）[32]的结论基本一致。⑤稳定不完整联盟的存在。此方面因素影响与 Aoki 和 Nagaoka (2006)[30]的结论基本一致。在确保专利联盟不会反竞争的前提下，该研究提出促进联盟形成及鼓励潜在成员加入的措施主要包括以下六个方面。①政府给予专利联盟收取高额许可费的自由。这使得联盟有能力挤占独立专利权人的利润空间，迫使其加入。②允许专利联盟采用更灵活多样的许可条款。这可使联盟获得更强大的市场力量，至少不至于在与独立专利权人的博弈中，由于较多的限制而处于不利地位，进而失去稳定性。③解散不完整联盟。稳定不完整联盟的存在是完整联盟形成的“毒药”，只有当不完整联盟不可能存在时，潜在成员“搭便车”的动机才会消失，使完整联盟更可能形成。④将专利侵权的罚金收入分配给所有相关专利权人。由于潜在收益的减少，会使得独立专利权人“敲竹杠”的机会主义行为减少，从另一个角度看也就是减少了加入联盟的机会成本。⑤强制许可和 RAND 承诺。这可以约束独立专利权人不合理的策略性行为，使它们难以自由制定许可价格，进而削弱其不加入联盟的动机。⑥标准设置中禁止“反悔”。即增强联盟承诺的可置信程度，与 Lévêque 和 Ménière（2008）[33]的结论是一致的。

2.4.3 与相关研究的结合

专利联盟的形成研究与相关问题具有良好的兼容性，联盟的内生形成过程可作为博弈的一个阶段，嵌入到联盟竞争效应与创新效应研究的模型中。此类研究能更加综合全面地考察问题，且结论更具普适性和实践性。

Langinier（2007）构建了一个完全信息的“基础—后续”创新模型，讨论基础专利结成的联盟对基础创新和后续创新动机的影响，以及联盟在何种条件下能够形成[54]。在该模型中，两个基础创新者公司1和公司2，分别以成本c_1和c_2各取得一项专利。这两项专利本身无价值，但却是后续创新产生所必需的。后续创新者公司A基于基础创新，以成本c_a取得价值为v的后续专利。后续创新侵犯基础专利$i \in \{1,2\}$的概率为$b_i \in (0,1)$，反之不侵犯专利i的概率为$1 - b_i$，那么b_i也即专利i的宽度。也就是说如果后续创新侵犯基础创新，那么必须获得事前或事后许可，否则不能应用并实现价值v。其中事前许可在成本c_a发生前达成，而事后许可在c_a发生后达成。在此基础上，各公司进行如下三阶段博弈：在阶段1，两基础专利潜在持有者同时决定是否进行研发投资，并在投资情况下决定是否结成一个专利联盟。如果联盟形成则可向后续创新者提出事前许可要约，而如果联盟未形成则任何一个基础专利权人也可独立提出事前许可要约；在阶段2，后续专利权人决定接受或拒绝事前许可要约，并决策是否进行后续研发投资；在阶段3，如果后续研发投资发生，由生效许可协议决定各公司收益。如果事前许可未达成，且后续创新侵犯基础专利，那么事后许可协议必须达成。根据该模型得出的主要结论为，首先，如果后续创新一定侵犯两个基础专利，均衡为后续专利权人同意专利联盟提出的事前许可协议；而如果后续创新一定不侵犯任意一个基础专利，均衡为后续专利权人拒绝专利联盟提出的事前许可协议。其次，当且仅当两项基础专利的宽度（即b_i）都很大，或一项宽度很大而另一项宽度很小时，专利联盟能够结成。再次，专利联盟的事前许可协议能够激励后续研发投资，但对基础专利投资存在负面影响。最后该研究指出，从社会福利角度看，专利联盟的事前许可并不会形成强进入壁垒，同时会增强后续应用研发的动机，因此应予以鼓励而非限制。

Brenner（2009）[1]在 Lerner 和 Tirole（2004）[8]的 LT 专利关系模型的基础上嵌入了联盟内生形成过程，综合考察了联盟竞争效应和联盟形成与稳定性问题，进而设计了联盟在确保不损害市场效率前提下形成的“最优形成规则”。在该研究的模型中，多项专利间的关系不必是完全替代或完全互补关系，而是被赋予由整体许可价格表示的介于两个端点之间一定程度的替代性（互补性）。模型博弈分为两个阶段，阶段 1 是联盟形成博弈，阶段 2 是专利许可价格博弈。阶段 1 联盟形成博弈的进程为，各专利权人依次向选定的一组专利权人发出加入联盟的邀请，如果其邀请被所有受邀请者接受，则唯一的专利联盟成立，博弈结束；如果该邀请未被所有受邀者接受，则没有联盟成立，转由其后的专利权人继续发出邀请；如果直至最后一名专利权人的邀请也未得到所有受邀者接受，则无联盟形成，此阶段博弈结束。阶段 2 专利许可价格博弈，假设各项专利给用户带来的效用是同质累进的，用户可以选购任意其中专利组成子集，其效用仅与该子集中专利的数量有关，与特定的专利无关。用户对各单独专利和联盟打包专利的许可分别进行购买决策。此时各许可主体定价会面临“竞争边际”及“需求边际”的双重约束。竞争边际指当许可主体企图进一步提高许可价格，会担心它的许可被排除在用户选购的专利集合之外，需求边际是指许可主体不愿定价过高以致减少用户对整个技术的总体需求。首先，模型均衡表明完整的联盟和完全离散的无联盟情况在均衡条件下都不会出现，而不完整联盟的规模随着专利替代性提高而增大。其次，对均衡的福利效应分析表明，由于专利互补时组成完整联盟，及替代时的完全离散是社会福利最优的，因此不完整专利联盟无法实现社会福利最大化，但是多数情况下仍不失为一种福利的次优状态。LT 模型的福利分析在很大程度上仍然成立，即替代程度高的专利联盟减低社会福利，反之互补程度高的联盟提高社会福利。再次，该研究对强制独立许可（CIL）在不完整联盟状态下的作用进行了考察。结果表明，降低福利的不完整专利联盟不会像降低福利的完整联盟那样对 CIL 强不稳定，即总会有一个降低福利的均衡存在，且一些降低福利的联盟甚至是强稳定的。因此，CIL 并不能有效保证提高福利的结果，并非有效的反垄断工具。最后，该研究对专利联盟形成机制设计结果为，虽然不完整联盟在许多情况下对 CIL 具有鲁棒性，但降低社会福利且对 CIL 稳定的联盟不会在封闭机制下形成。因此要求联盟在封闭规则下组成，同时要求 CIL 是确保专利联盟不损害社会福利和有效形成的最优形成规则。

2.4.4 小结

上述研究表明，专利联盟形成问题涉及市场结构、联盟规则和反垄断法规等诸多方面的因素，是更深入解析专利联盟的关键。但这方面研究成熟度较低，有待进一步讨论。当前，专利许可市场供求处于严重不匹配的状态，市场效率很低。Razgaitis（2004）在对 229 家美国和加拿大企业的调查中发现，所有可对外许可的技术中仅有 4% 实际被许可[55]。Gambardella 等（2006）对欧洲企业专利许可的研究显示，虽然大型企业和小型企业希望对外许可的专利技术比例分别为 16% 和 37%，但实际许可比例分别为 9% 和 26%[56]。与此相对，Cassiman 和 Veugelers（2006）的研究显示，66% 以上的企业在创新中需同时使用内部和外部专利技术，但外部专利技术却很难及时获得[57]。Serafino（2007）的相关调查显示，20 世纪 90 年代至今仅有 21 家重要的专利联盟成立，且其中仅有 13 家设置了成熟的事实标准并大规模对外许可，其余 8 家是生物工程和医药领域的非营利组织，对外许可不频繁[58]。这些研究结果表明，专利许可市场上亟须建立更多专利联盟以提高效率，对联盟形成问题的研究有重大实际意义。

2.5 已有研究的局限性

近年来，学者们对专利联盟的研究呈现多元化趋势，由“竞争效应”研究主导的范式，发展成对包括“创新效应”和“形成困境”在内的“三大基本问题”研究。但总体而言，对专利联盟的研究仍是一个新兴领域，国内的相关研究尚处于起步阶段，有待进一步发展和完善，以下四个主要方面的研究尚待深入。

①研究的综合性有待加强。具体来看，应综合专利联盟研究中的“三大基本问题”，进一步完善理论模型。总体来说，专利联盟的“创新效应—联盟形成—竞争效应”，是一个遵循“事前—事中—事后”框架的逻辑整体。将对

不同问题的分析结合起来，建立完整且拟合现实的理论模型，有利于把握不同因素的交互效应及综合影响。Langinier（2007）[54]和 Brenner（2009）[1]的研究已体现出该趋势。

②不同角度的研究成果有待结合。具体来说，应结合专利关系（横向）和垂直结构（纵向）两方面的扩展研究成果，进一步完善理论模型。如表2-1所示，上述两方面扩展研究基本处于分离状态。对专利关系扩展的研究，往往省略了下游生产环节；而在垂直结构下引入纵向一体化企业的研究，往往拘泥于上游专利完全互补或完全替代的特定情况。将两方面分析结合，建立更加精确拟合现实的模型，将有利于从整体上把握不同因素的交互效应及其综合影响。

③研究的方法有待丰富。具体来说，应将合作博弈、随机过程以及机制设计的理论和方法引入到专利联盟研究中。当前专利联盟研究主要遵循非合作博弈框架，模型的假设较严格，求解均衡较困难，相对限制了研究发展。由于专利联盟本质是专利权人的战略合作，因此合作博弈可能对联盟形成的描述更准确。随机过程以严密推导为基础，能够精确地刻画专利技术发展趋势，如 Llanes 和 Trento（2009）对精炼马尔可夫均衡的应用[25]，表明随机过程能够应用到专利联盟的研究。机制设计作为强大的“经济工程学”，在解析经济现象的同时还能加以主动控制，对于专利联盟政策制定意义重大，代表研究如 Brenner（2009）[1]对联盟“最优形成规则”的设计。新研究方法的引入可推动专利联盟研究的深入发展。

④将研究的切入点向联盟内部转移。也就是说，加强以专利联盟规则为切入点的相关研究。Gilbert（2004）[40]和 Lerner 等（2007）[42]指出，对专利关系的直接判断在实践中通常十分困难，而许多易观察的联盟规则能够成为联盟竞争效应的有效判别工具，且反垄断司法案件也经常以联盟中“限制性许可规则”的存在为替代判据。这种情况已引起了学者们对专利联盟规则的关注，如本书提及的独立许可、回授和联盟收益分配规则等的分析，这些研究对专利联盟政策法规的制定有直接的指导作用。此外，Bekkers 等（2006）归纳的重要专利联盟规则[59]，可作为进一步研究的指引。

第3章　专利丛林的产生及影响

当前，专利联盟在全世界迅速发展，其关键原因是“穿越专利丛林”动因的支持。即专利丛林问题是当前专利联盟发展的最重要现实背景。作为后续专利联盟研究基础，本章从多个角度解析了专利丛林问题，主要包括展示专利丛林产生发展及表现，通过博弈模型分析其经济影响，并评介几种专利丛林的度量方法。

3.1　专利丛林问题提出

“专利丛林”一词最早出现在20世纪70年代美国施乐公司影印机生产反垄断诉讼中。Shapiro（2001）从经济学角度将其重述为，多个公司所有的知识产权所形成的密集交叠的网络，而专利的“密集（dense）”和“交叠（overlapping）”是专利丛林的两个基本特征。当创新者遭遇了专利丛林的阻碍，那么他必须“一路披荆斩棘”才能实现新技术的商业化[2]。一方面，为数众多的专利许可费，即便每一笔的金额都不大，但累加后金额则会非常巨大。以计算机技术为例，美国计算机微处理器相关专利有9万多个，这些专利分别为1万多个专利权人所持有。在此情况下，一个企业要开发一种计算机产品至少须获得几千乃至上万件专利许可，累积的高昂许可费成本会抑制厂商开发与推广新技术。另一方面，如果创新者在设计乃至大规模生产了新产品后，发现使用了某些未获许可的专利，将面临被专利权人“敲竹杠”的风险。此时创新者被置于非常不利的谈判地位，专利权人可以侵权诉讼形成有效的威胁，向创新者勒索高昂的事后许可费。美国联邦贸易委员会2003年度报告指出，在一些行业中存在大量已发布或正在申请的专利，使搜索所有潜在相关的专利、检查每项专利包含的内容，以及评估侵权风险和许可需求在实际上是不可能的。这使一些“高危”领域创新被迫放弃，例如在软件行业中，众多已有软件专利技术中每一项的持有者，都可以阻碍软件创新的产生。

近年来在生物制药、计算机软硬件、通信以及纳米技术等许多高新技术产业中严重的专利丛林问题已引起了学者们的广泛关注（Heller 和 Eisenberg，1998；Shapiro，2001；Hall 和 Ziedonis，2001；Thumm，2005；Bawa 等，2005）[2-3,74-76]。就国内来看，学者们关注的焦点在于交叉许可、专利联盟及联合标准设置等解决方案，而非专利丛林问题本身。但对专利丛林问题本身的深入分析，是提出有效解决方案的基础[61-62]。

3.2　专利丛林的产生、发展及表现

专利制度是一种通过赋予专利发明人一定时间、范围内的垄断权，来激励私人研发投资的机制。由于专利垄断价值与其社会福利价值是紧密联系的，即社会福利效用越大的专利带给专利权人的垄断利润越多，因此专利制度能激励最具社会福利价值的研发项目投资，使研发资源在全社会范围内优化配置。但是将垄断权作为对发明创造的奖励，会阻碍新知识的推广和使用并限制市场竞争，由此降低了社会公共利益。那么从整个社会的角度来看，专利制度即是一把“双刃剑”，处于主导地位的鼓励研发投资的正面影响与居于从属地位的损失商品或服务竞争性供给的负面影响并存。在复杂技术背景下，专利制度的有效性遭到普遍质疑。

所谓复杂技术是指，“不能被单个专家所完全、彻底地理解，以跨越时间和空间将细节传达给其他专家的工艺或产品”（Roycroft 和 Kash，1999）[77]。换句话说，复杂技术一般为多个知识片段的有机聚合，无法被某一项专利完全覆盖。因此在复杂技术背景下，专利不能完全保证专利权人对一项技术的独占使用。而相反的，专利权人却能阻止其他人制造、销售和使用被该专利所覆盖的商品或服务。当一项复杂技术应用需要引用多个权利人拥有的大量专利时，便产生了专利丛林问题。即技术复杂化趋势是专利丛

林产生的根本原因。Ziedonis（2004）对美国电子信息企业 1975—1996 年半导体专利引用方面的研究显示，该领域专利跨公司引用的数量及单个专利被引用频次都有明显增加[78]。而 Cassiman 和 Veugelers（2006）的相关研究显示，66% 以上的企业在进行创新时需要同时使用内部和外部的研发成果[79]。这表明在科学技术飞速发展的今天，如计算机软硬件、生物医药、信息技术和纳米技术等越来越多的领域呈现出技术复杂化趋势，专利丛林随着科技的发展正变得日益突出。

更严重的是，专利丛林存在本身会激发企业申请更多的专利，是一个自我繁殖、强化的系统。这是因为专利丛林的存在，意味着企业在创新活动中将面对更高的引用他人专利的可能性。那么出于进行交叉许可协议谈判或以反诉应对的侵权诉讼的目的，许多企业对专利丛林问题唯一可行的应对方案，就是自己也去申请尽量多的专利。Oracle 高级副总裁 Baker 在美国商标局 1994 年听证会上，将该公司的专利策略描述为：“我们的工程师和专利律师认为，开发一项复杂的现代软件产品，而不涉及多个已有专利几乎是不可能的。作为防御策略，Oracle 公司花费了许多时间和金钱，选择性地申请最有可能用于与诉讼 Oracle 侵权的公司达成交叉许可协议的专利。如果对手也是一家软件公司，我们很希望能以自己的专利与其达成交叉许可，以使我们免受诉讼。”而 IBM 公司总裁 Smith 于 1990 年将该公司的专利战略描述为：“庞大专利组合能够给予 IBM 公司在交叉许可协议中很大的自由度——它使我们能够使用其他公司的发明，这对创新来说是至关重要的。没有直接明确的计算方法，但能够使用其他公司的专利是极具战略价值的，这种价值要比从 9000 个现行专利中获得的许可费大得多。”这说明，个体对专利丛林问题的理性应对，结果会造成该问题进一步严重化。

当前在半导体、生物技术、计算机软件和互联网等一些重要产业中，专利丛林问题的产生与蔓延已日益严重化，主要表现为以下四个方面。

首先，专利申请和授权的数量显著增加。据《世界知识产权指标报告（2009）》显示，2007 年全世界专利申请受理量达到 185 万件，比 2006 年增长了 3.7%，计算机、通信和声像技术领域的专利申请增长达到 6% 以上。2008 年根据专利合作协定（PCT）申请的国际专利总量约为 163600 件，比 2007 年增加2.3%。2007年全世界专利授权总量预计约764700件，比前一年增长了1.6%。截至2007年年底，世界范围有效专利的总数约达到630万件。有学者将这样的专利发布形容为“犹如洪水般泛滥[2]”。

其次，专利覆盖范围更加广泛。在生物遗传工程领域，美国最高法院1980年判决通用电器公司对一种吞噬海洋泄漏石油的微生物拥有专利，这意味着“太阳底下的任何人为事物均可成为专利法保护对象。”近来许多不符合“新颖”和“非显而易见”标准的商业手段也获得了专利权，尤其在电子商务方面，如Priceline.com的“顾客驱动条件购买提议”、Amazon的“单击网上商店系统”、Sightsound.com的“以网络下载的方法贩卖音像制品”等。以往不涉足专利申请的银行、保险公司和信托机构等金融企业，也纷纷开始申请商业手段专利，美林银行、摩根士丹利、高盛银行、花旗银行已分别注册110件、251件、283件、580件专利。

再次，“专利挖掘”和“专利延长申请”被专利权人普遍使用。专利挖掘是指专利权人重新检查拥有的专利组合的覆盖领域，发现任何可能侵权的企业(无论是否为竞争对手)，更加积极地对它们进行侵权诉讼。德州仪器开启了专利挖掘的先河，以侵犯“Kilby”集成电路专利为由起诉了NEC、东芝、日立等日本半导体公司，并获得巨额许可费收入。此后越来越多的公司开始效法德州仪器，使自己的专利“物尽其用”。专利延长申请是指在原专利文件的基础上添附或更新部分内容（也许并非重要的），以实现保护期延长甚至新的专利发布等。如Rambus公司于1997—1999年，更新申请了1990年获得的四个生产新一代高性能芯片接口存储产品的专利，并在2000年诉讼Infineon公司侵犯了这些专利。虽然Infineon已根据电子设备联合会（JEDEC）的SDRAM标准获得了原专利的许可，但仍被法院判决侵犯了Rambus延伸后的专利权。

最后，专利许可供求不匹配，供需双方矛盾激烈，侵权诉讼此起彼伏。目前专利许可市场处于“部分失败”状态。Razgaitis（2004）通过229家美国和加拿大企业的调查发现，所有可对外许可的技术中仅有4%被实际许可[80]。Gambardella等（2007）对欧洲企业专利许可的研究也显示出类似的结果，虽然大型企业和小型企业希望对外许可的专利技术比例分别为16%和37%，但实际的许可比例分别为9%和26%。而与此同时，许多对专利许可的需求却得不到满足[56]。如美国宾州大学和斯坦福大学联合组织的一次调研结果表明，25%以上的医师和药剂师曾由于无法获得专利许可而放弃使用某项临床测试。1997—2006年，这10年间，美国围绕专利侵权的诉讼案增长了约60%。2008年全球经济危机引爆新一轮全球专利大战，卷入专利侵权诉讼的跨国公司不断增多，且诉讼标的越来越大。代表性案例如2009年6月，美国Guardian Media Technologies公司诉讼中国海信、康佳等企业出口到美国的电视机、计算机、影碟机等各类视频播放装置侵犯其专利。

3.3　专利丛林的经济影响

经济学家大都认为，专利丛林的存在会抑制专利制度的创新激励作用，放大专利的垄断力量，并由此损害社会福利[1-4]。对该影响细致完整的讨论，需建立庞大的多阶段博弈模型，求解很复杂且结果不直观。为简洁说明问题，本节一方面由专利竞赛模型说明专利丛林对研发投资的影响[13]，另一方面则由事后视角博弈模型说明专利丛林对竞争和社会福利的影响[47]。

3.3.1　对创新研发投资的影响

考虑一项垄断市场价值为M的创新产品，必须同时使用$n>1$项互补的必要专利完成。市场上有A、B两家风险中立的公司从事相关专利的研发活动，它们进行如下两阶段博弈。

在阶段1，A、B两公司进行n次专利竞赛。n项必要专利中每一项都是一次独立专利竞赛的结果，设A、B两公司在该阶段的策略分别为$\mathrm{x}\equiv\{x_1,x_2,\cdots,x_n\}$和$\mathrm{y}\equiv\{y_1,y_2,\cdots,y_n\}$，$x_i\geqslant 0$和$y_i\geqslant 0$分别为两公司第$i$次竞赛中的投入。当$x_i$与$y_i$不同为0时，A公司赢得专利竞赛$i$概率$p_i(x_i,y_i)=x_i/(x_i+y_i)$，$x_i$与$y_i$同为0时$p_i(x_i,y_i)=0.5$，而B公司获得专利$i$的概率为$1-p_i(y_i,x_i)$。需说明的是，$x$和$y$是整体静态策略，各分量由两公司在该阶段同时决策，而非在序贯竞赛中做出的动态决策，因此x_i与x_j、y_i与y_j及p_i与p_j是相互独立的。向量$\mathrm{z}=\{z_1,z_2,\cdots,z_n\}$表示阶段1结束后，专利所有权在两公司间的分布。其中$z_i\in\{a,b\}$，$z_i=a$表示专利i由A公司获得，$z_i=b$表示专利i由

B公司取得。

在阶段2，基于既定专利所有权分布 z，A、B 两公司进行专利排他使用权的交易谈判。一方面，任何一家公司进行创新产品生产且不会被另一家公司诉讼侵权，都须同时控制 n 项必要专利使用权，这可以通过赢得每一次专利竞赛获得 n 项专利，或者通过交易谈判获准使用另一家公司专利实现。另一方面，由于创新产品的垄断市场价值 M 是两家公司可能实现的最大整体利益，它是由任何一家公司垄断下游市场，或者说独自使用全部 n 项专利实现的，因此本模型假设两公司交易标的为专利的“排他使用权”，即每一项专利仅供一家公司使用。设交易完成后，专利持有结构由 z 变为 $\hat{z} = \{\hat{z}_1, \hat{z}_2, \cdots, \hat{z}_n\}$，$\hat{z}_i \in \{a, b\}$。如 $\hat{z} = \{a, a, \cdots, a\} \equiv a$，则 A 公司得到 n 项专利的控制并生产创新产品，B 公司不进行生产；反之如 $\hat{z} \equiv b$，则由 B 公司生产创新产品。除这两种情况外，即如 $\hat{z} \neq a$ 且 $\hat{z} \neq b$，则创新产品不会被生产。设 $\varphi(z, \hat{z})$ 为在整个交易中，由 B 公司向 A 公司的支付。

该博弈中，A、B 两家公司的利润函数 π_A、π_A 可分别表示为

$$\pi_A = \begin{cases} \varphi(z,\hat{z}) + M - \sum_i x_i & 当\ \hat{z} = a \\ \varphi(z,\hat{z}) - \sum_i x_i & 当\ \hat{z} \neq a \end{cases} \quad （公式3-1）$$

$$\pi_B = \begin{cases} -\varphi(z,\hat{z}) + M - \sum_i y_i & 当\ \hat{z} = b \\ -\varphi(z,\hat{z}) - \sum_i y_i & 当\ \hat{z} \neq b \end{cases} \quad （公式3-2）$$

对该模型逆向递归求解。如果 $z = a$ 或 $z = b$，即第二阶段开始时 n 项专利由一家公司持有，那么交易谈判无须进行，必然有 $\hat{z} = z$，$\varphi(z, \hat{z}) = 0$。而在 $z \neq \{a, b\}$ 的情况下，两家公司谈判的本质是对创新产品的垄断价值进行分割。引入保留收益为0，合作收益为 M 的对称“纳什讨价还价”，则谈判结果为，当 $\hat{z} = a$ 时 $\varphi(z, \hat{z}) = -M/2$，$\hat{z} = b$ 时 $\varphi(z, \hat{z}) = M/2$。在公式3-1、公式3-2的基础上综合考虑上述两种情况发生概率，可将 A、B 公司的期望利润表示为

$$\pi_A = \frac{M}{2} + \frac{M}{2}\prod_{i=1}^{n}\frac{x_i}{x_i + y_i} - \frac{M}{2}\prod_{i=1}^{n}\frac{y_i}{x_i + y_i} - \sum_{i=1}^{n} x_i \quad （公式3-3）$$

$$\pi_B = \frac{M}{2} + \frac{M}{2}\prod_{i=1}^{n}\frac{y_i}{x_i + y_i} - \frac{M}{2}\prod_{i=1}^{n}\frac{x_i}{x_i + y_i} - \sum_{i=1}^{n} y_i \quad （公式3-4）$$

公式3－3、公式3－4表明，该博弈是Clark和Konrad（2008）模型[47]不存在技术不确定情况的特例，存在唯一的C－K均衡。该均衡的特征是两家公司在各次专利竞赛中平均分配支出，即当A公司选择 $x = \{x, x, \cdots, x\}$，B公司的最优反应 $y(x)$ 有 $y_1(x) = y_2(x) \cdots = y_n(x) = y(x)$，反之亦然。根据均衡的这一特征，A、B公司的期望利润转化为

$$\pi_A = \frac{M}{2}\left[1 + \frac{x^n - y^n}{(x + y)^n}\right] - nx \qquad （公式3－5）$$

$$\pi_B = \frac{M}{2}\left[1 + \frac{y^n - x^n}{(x + y)^n}\right] - ny \qquad （公式3－6）$$

对公式3－5、公式3－6求导，得到同时满足 $d\pi_A/dx = 0$ 和 $d\pi_B/dy = 0$ 的两公司每次专利竞赛支出

$$x^* = y^* = \frac{M}{2^{n+1}} \qquad （公式3－7）$$

将公式3－7代入二阶条件验证，可得到

$$\frac{d^2\pi_A}{dx^2} = \frac{d^2\pi_B}{dy^2} = -\frac{n2^{n+1}}{M} < 0 \qquad （公式3－8）$$

因此 x^*、y^* 分别为A、B两公司在每次专利竞赛中的均衡支出。那么，参与者在整个博弈中的研发支出

$$\psi = \sum_{i=1}^{n} x_i + \sum_{i=1}^{n} y_i = nx^* + ny^* = \frac{nM}{2^n} \qquad （公式3－9）$$

进一步，当 $n > 1$ 时有 $\frac{d\psi}{dn} = \frac{M(1 - n\ln 2)}{2^n} < 0$，以及 $\lim\limits_{n \to \infty}\psi = 0$。

由上述模型可以得出，专利片段化分割削弱了厂商研发投入的动机。进一步进行模型的扩展分析。将前提假设变更为，创新产品生产必须同时使用“$n+2$”项互补的必要专利来完成，且A、B两公司已经各自拥有了一项专利。两公司在此基础上进行专利竞赛和交易谈判，此时博弈均衡将为 $x^* = y^* = 0$。这是因为无论后来的 n 次专利竞赛致使专利所有权如何分配，每家公司在第一阶段博弈后都至少会拥有一项必要专利。那么在第二阶段交易谈判中，都会产生垄断利润M在两家公司平均分配的结果。即两家公司既不会面临无利润的威胁，也不会受到获得全部垄断利润动机的激励。据此两家公司在第一阶段最优研发投入为0，并获得最大化 $\pi_A = \pi_B = M/2$。因此，专利相互

阻碍的状况使专利权人丧失了研发投入的动机。由上述分析可以得出下述命题3－1。

命题3－1：专利丛林“密集”的特征会减弱企业研发投资的整体规模，而其“交叠”的特征则会消除现有专利权人进一步进行研发投资的动机，由此，专利丛林对创新产生了抑制效应。

3.3.2　对竞争及社会福利的影响

在相关专利已经被开发并授予完毕的基础上，考虑一个由上下游两部分构成的完全信息垂直结构市场，其上游是专利许可市场，下游是同质产品市场。有三类企业在该市场上活动：第一类是n家既在上游进行专利许可，又在下游生产产品的纵向一体化企业{v1，v2，…，vn}（下文简称V企业）；第二类是m家仅在上游从事专利许可的专业研发企业{u1，u2，…，um}（下文简称U企业）；第三类是s家仅在下游从事产品生产的专业生产企业{d1，d2，…，ds}（下文简称D企业）。每家V企业和U企业各拥有一项生产下游产品所必需的互补专利，各V企业和D企业共同使用上述$n+m$项专利在下游生产同质产品。为保证研究的普适性，进一步假设$n \geqslant 2$，$m \geqslant 2$，且$s \geqslant 1$。下游产品线性反需求函数为，$P(Q) = a - bQ$，$a,b > 0$且$a > c$，c为除专利许可费外，下游企业对称的边际生产成本。市场产量Q为全部V企业与D企业产量之和，即$Q = \sum q_{vi} + \sum q_{dj}$。

在该市场上，参与者进行如下两阶段博弈。在阶段1，各V企业和U企业在上游专利市场上，同时制定各自的线性许可费率$\{l_{v1},\cdots,l_{vn};l_{u1},\cdots,l_{um}\}$。线性许可收费是现实中最常见的专利许可收费方式，而专利“低消耗，易复制”的特点，决定了专利权人许可专利无须负担成本。在阶段2，V企业和D企业在下游市场展开古诺—纳什竞争，同时决定各自的产量$\{q_{v1},\cdots,q_{vn};q_{d1},\cdots,q_{ds}\}$。对模型逆向递归求解。V企业和D企业边际生产成本分别为

$$c_{vi} = c + \sum_{j \neq i} l_{vj} + \sum l_{uj} \qquad \text{（公式3－10）}$$

$$c_{di} = c + \sum l_{vj} + \sum l_{uj} \qquad \text{（公式3－11）}$$

公式3－10、公式3－11表明各V企业与D企业的边际生产成本是不对称

的，这是由于V企业无须对自己支付专利许可费。而这导致了它们同时从事下游生产的情况下，模型的子博弈纳什均衡（内点解）是不存在的[7]。因此我们在D企业被挤出市场（$q_{di}=0$）的前提下求解模型，而后对此进行检验。此时各V企业和U企业利润可分别表示为

$$\pi_{vi}=(a-bQ-c-\sum_{j\neq i}l_{vj}-\sum l_{uj})q_{vi}+l_{vi}\sum_{j\neq i}q_{vj}\quad（公式3-12）$$

$$\pi_{ui}=l_{ui}Q\quad（公式3-13）$$

由 $d\pi_{vi}/dq_{vi}=0$ 可解得在阶段2，各V企业的最优产量及市场总产量分别为

$$q_{vi}^{*}=\frac{(a-c)-\sum_{j\neq i}l_{vj}-\sum l_{uj}}{(n+1)b}\quad（公式3-14）$$

$$Q^{*}=\sum q_{vi}^{*}=\frac{n(a-c)-(n-1)\sum l_{vj}-n\sum l_{uj}}{(n+1)b}\quad（公式3-15）$$

将公式3-14、公式3-15代回到公式3-12、公式3-13，由 $d\pi_{vi}/dl_{vi}=0$ 和 $d\pi_{ui}/dl_{ui}=0$ 可解得在阶段1，各V企业和U企业设置的最优许可费率分别为

$$l_{vi}^{*}=\frac{(n+3)(a-c)}{n(n+3)+2m(n+1)+(n-1)}\quad（公式3-16）$$

$$l_{ui}^{*}=\frac{2(n+1)(a-c)}{n(n+3)+2m(n+1)+(n-1)}\quad（公式3-17）$$

将公式3-16、公式3-17代回公式3-15得到市场均衡产量及均衡价格分别为

$$Q^{*}=\frac{2n(a-c)}{[n(n+3)+2m(n+1)+(n-1)]b}\quad（公式3-18）$$

$$P^{*}=c+\frac{[n(n+3)+2m(n+1)-(n+1)](a-c)}{n(n+3)+2m(n+1)+(n-1)}$$

（公式3-19）

在此均衡下，V企业的边际利润：

$$\Delta\pi_{vi}=P^{*}-c_{vi}=\frac{2(a-c)}{n(n+3)+2m(n+1)+(n-1)}>0,$$

而D企业的边际利润：

$$\Delta\pi_{di}=P^{*}-c_{di}=\frac{-(n+1)(a-c)}{n(n+3)+2m(n+1)+(n-1)}<0。$$

因此，仅有V企业从事生产而D企业不会进入下游市场，求解均衡的前提得到验证，并可由此得出下述命题3－2。

命题3－2：专利丛林形成了进入壁垒，使不拥有专利的潜在产品生产商无法进入下游市场，由此削弱了产品市场上的竞争。

将公式3－16、公式3－17、公式3－18代回公式3－12、公式3－13，可得到各V企业和U企业的均衡利润，以及消费者剩余CS分别为

$$\pi_{vi}^{*} = \frac{2(n^2+2n-1)(a-c)^2}{[n(n+3)+2m(n+1)+(n-1)]^2 b} \quad \text{（公式3－20）}$$

$$\pi_{ui}^{*} = \frac{4(n^2+n)(a-c)^2}{[n(n+3)+2m(n+1)+(n-1)]^2 b} \quad \text{（公式3－21）}$$

$$CS = \frac{(a-P^{*})Q^{*}}{2} = \frac{2n^2(a-c)^2}{[n(n+3)+2m(n+1)+(n-1)]^2 b}$$

（公式3－22）

由此可得，在均衡情况下，社会福利为

$$SW = \sum \pi_{vi}^{*} + \sum \pi_{ui}^{*} + CS = \frac{2n[n(n+3)+2m(n+1)-1](a-c)^2}{[n(n+3)+2m(n+1)+(n-1)]^2 b}$$

（公式3－23）

由于 $\lim\limits_{n\to\infty} SW = \lim\limits_{m\to\infty} SW = 0$，

$$\frac{dSW}{dn} = -\frac{2n(n-1)^2[n(n+3)+(2m-1)(n+1)](a-c)^2}{[n(n+3)+2m(n+1)+(n-1)]^3 b} < 0,$$

以及 $\dfrac{dSW}{dm} = -\dfrac{4n(n+1)[n(n+3)+(2m-1)(n+1)](a-c)^2}{[n(n+3)+2m(n+1)+(n-1)]^3 b} < 0$，

可得下述命题3－3。

命题3－3：专利丛林中许可费用的累积形成了多重边际，导致市场效率降低，厂商利润与消费者剩余被损害，社会福利水平下降。且多重边际效应在下游市场也占据主导地位，此时即便更多纵向一体化企业从事下游生产，也无益于社会福利水平提高。

综合上述三方面影响，专利丛林在事前抑制研发投资，在事后放大专利权人的垄断力量，削弱市场竞争并损害社会福利，因此对市场效率有很强的负面作用。

3.4 专利丛林的度量

虽然在实践中专利丛林现象受到广泛关注，且学者们通过构建理论模型深入分析了其影响，但理论的深化发展及实践问题的解决还需要实证研究的支持。因此开发对专利丛林密度的度量方法便成为学者们当前面临的重要课题。Ziedonis（2004）开发的片段化指标度量[78]，Clarkson（2004，2005）开发的网络密度度量[7,81]，及 Graevenitz 等（2008，2009）开发的三角阻碍度量[82,83]，是这方面研究的代表性成果。

3.4.1 片段化指标

Ziedonis（2004）指出，专利丛林问题的核心在于专利技术的应用受到阻碍，因此理想的度量指标应能够揭示一家公司使用的关键技术，并辨识哪些机构可以阻碍其运用该技术。但这些私人信息是难以获得的，因此公开专利文件中的引用关系便成为较理想的替代品[78]。估计与公司 i 专利互补的专利分布广泛程度的片段化指标可表示为

$$\mathrm{FRAG}_i = 1 - \sum_{j=1}^{J} \left(\frac{\mathrm{NBCITS}_{ij}}{\mathrm{NBCITS}_i}\right)^2, i \neq j \qquad \text{（公式 3 - 24）}$$

其中 j 表示公司 i 专利所引用的各项专利的持有公司，NBCITS_i 表示在某年中公司 i 专利的后向引用数，NBCITS_{ij} 表示某年中公司 i 专利对公司 j 专利的后向引用数。需注意的是，实际测度时须排除对本公司专利、非专利材料和过期专利的引用数，因为这些引用不会造成市场进入壁垒或敲竹杠等情况，即与专利丛林无关。且为了避免对拥有专利较少企业的下行统计偏差，在应用时可通过滞后变量方法将 FRAG_i 调整为

$$\hat{F}_i = \left(\frac{\mathrm{NBCITS}_i}{\mathrm{NBCITS}_{i-1}}\right) \times \mathrm{FRAG}_i \qquad \text{（公式 3 - 25）}$$

可通过一个例子说明该指标的构造。假设 A、B 两家公司在 2010 年各获得了 10 项专利，且各引用其他公司的专利共 100 项。进一步假设 A 公司的 100 项专利引用指向同一家公司（如 IBM），那么 A 公司 2010 年的片段化指标 $\mathrm{FRAG}_A = 1 - (100/100)^2 = 0$，即该指标在此情况下达到最小值。与之相对，

假设B公司的100项专利引用分别指向100家不同的实体（如IBM 1项、德州仪器1项、独立发明1项、微软1项……），那么B公司2010年的片段化指标 $FRAG_B = 1 - \sum_{j=1}^{100}(1/100)^2 \approx 1$，即该指标在此情况下逼近最大值。该指标可分辨哪些企业面临着更加严重的专利丛林问题。显然与B公司相比，A公司更可能在进一步使用其专利技术之前与IBM公司进行许可谈判，以确保专利使用不会遭到诉讼侵权，即事前许可合约对A公司来说是更可行的策略。相对的，由于与大量离散权利人讨价还价产生巨大的交易成本和时间延迟，事前许可合同对B公司是难以执行的。由此可以得出，一家公司的片段化指标值越大，则它面临的专利丛林问题越严重。

近年来，该片段化指标已在实证研究领域被广泛应用。Ziedonis（2004）对67家美国半导体企业的数据研究表明，该指标与企业专利申请的强度有很强的正相关关系[78]。Graevenitz等（2008）就专利丛林与技术机会及复杂性的关系，对欧洲30个技术领域的2074家企业数据的实证研究中将片段化指标作为控制变量，结果表明该指标与企业专利申请显著正相关[82]。Galasso和Schankerman（2008）对1975—2000年美国专利诉讼历史数据的实证研究表明，片段化指标与专利诉讼量正相关，但该指标的增大可以加快争议的和解与技术扩散进程[84]。Cockburn等（2009）就技术片段化对企业创新绩效的影响，对1034家德国公司的历史数据进行了实证研究，结果表明该片段化指标对于企业支付许可费的数量，产品与工艺创新，以及绕行研发（inventing around）等行为都有显著影响[85]。此外需要注意的是，原始的片段化指标的覆盖范围很小，仅统计单个企业某一年度新增专利的后向引用，在进行专利丛林对某行业及历史累积影响的实证研究中，要对该指标进行相应扩展。

3.4.2　网络密度

Clarkson（2004，2005）指出，多数专利联盟具有促进竞争的作用已被经济学家所认同，但现实中专利联盟却往往面临反垄断诉讼的威胁，该状况与缺乏对专利丛林严重程度的客观度量方法有直接关系。这是由于传统的BCIS（阻碍、互补、独立、替代）专利关系理论无法直接应用于专利丛林的辨识和度量，而网络分析方法则能够为此问题提供一种“建设性的解决方案”，即使用专利关系网络的密度标示专利丛林密度[7,81]。在网络分析方法中，单独的个体被定义为网络的“节点”，节点间的关联被定义为“联系”。如果在一个网络中从节点 A 到节点 B 联系，与从节点 B 到节点 A 的联系是相互区别的，则该网络是一个“有向网络”。有 n 个节点的有向网络密度可表示为

$$\Delta = \frac{\sum_{i=1}^{n}\sum_{j=1}^{n} x_{ij}}{n(n-1)} \qquad \text{（公式 3-26）}$$

其中 x_{ij} 表示从节点 i 到节点 j 的联系值。特别是，当 x_{ij} 为 $0-1$ 变量时，仅表示是否存在节点 i 到节点 j 的联系。该密度的一个核心假设是，每一节点到另外的节点都可能存在联系。即可能存在从节点 i 到其他 $n-1$ 个节点的联系，可能存在的联系总数为 $n(n-1)$。那么节点 i 的局域密度 $\Delta_i = \sum_{j=1}^{n} x_{ij}/(n-1)$，$n$ 个节点局域密度算术平均数即是网络密度。

但是，网络密度的核心假设对专利来说是不成立的——早先授予的专利不可能引用此后授予的专利，因此须分解并重构该算法。将研究范围内的 n 个专利按授予的时序升序排列，较早（排列在前）的专利可能的引用数越小，更晚（排列在后）的专利可能的引用数越大，而且最早的专利将不可能引用其他专利，最晚的专利可能引用全部其他 $n-1$ 项专利。此时各专利的引出（引用其他专利）局域密度 $\Delta_{ip-out} = \sum_{j=1}^{n} x_{ij}/(i-1)$，注意其中 $i \neq 1$，即最早的专利的引出局域密度不存在。基于 $n-1$ 项专利的引出局域密度，可得引出网络密度为

$$\Delta_{p-out} = \frac{\sum_{i=2}^{n}\sum_{j=1}^{n} \frac{x_{ij}}{i-1}}{n-1} \qquad \text{（公式 3-27）}$$

与之相对，各专利引入（被其他专利引用）局域密度 $\Delta_{ip-in} = \sum_{j=1}^{n} x_{ji}/(n-i)$，注意其中 $i \neq n$，即最晚专利的引入局域密度不存在。由 $n-1$ 项专利引入局域密度，可得到引入网络密度为

$$\Delta_{p-in} = \frac{\sum_{i=1}^{n-1}\sum_{j=1}^{n} \frac{x_{ji}}{n-i}}{n-1} \qquad \text{（公式 3-28）}$$

由公式3－13和公式3－14可知，专利的引入网络密度和引出网络密度一般不同，为保持研究结论的一致性，以这二者的算术平均数作为专利网络密度为

$$\Delta_p = \frac{2\sum_{i=1}^{n}\sum_{j=1}^{n}x_{ij}}{n(n-1)} \quad \text{（公式3－29）}$$

可通过一个示例说明专利网络密度的应用。假设各包含6项专利的两个网络如图3－1所示。

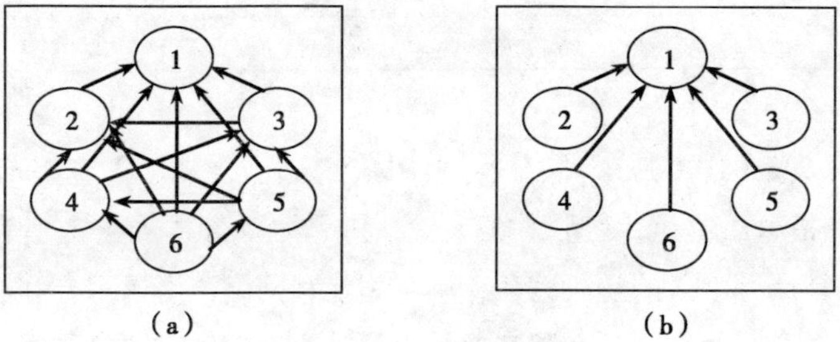

图3－1　专利网络示例

在图3－1（a）中所有可能的引用都已实现，即它是一个完全网络，相关计算如表3－1所示。图3－1（b）的引用关系较简单，最早的专利被全部其他专利引用，而其他的专利没有被引用，相关计算结果如表3－2所示。计算结果表明，专利网络密度Δ_p较好地反映了专利的引用特征。

表3－1　专利网络（a）密度计算表

专利号	引出密度			引入密度			网络密度	专利网络密度
	引出数	可能引出	局域密度	引入数	可能引入	局域密度		
1	—	—	—	5	5	1.00	—	—
2	1	1	1.00	4	4	1.00	—	—
3	2	2	1.00	3	3	1.00	—	—
4	3	3	1.00	2	2	1.00	—	—
5	4	4	1.00	1	1	1.00	—	—
6	5	5	1.00	—	—	—	—	—
计算结果	$\Delta_{p-out}=1.00$			$\Delta_{p-in}=1.00$			$\Delta=0.50$	$\Delta_p=1.00$

表 3-2 专利网络（b）密度计算表

专利号	引出密度			引入密度			网络密度	专利网络密度
	引出数	可能引出	局域密度	引入数	可能引入	局域密度		
1	—	—	—	5	5	1.00	—	—
2	1	1	1	0	4	0.00	—	—
3	1	2	0.5	0	3	0.00	—	—
4	1	3	0.33	0	2	0.00	—	—
5	1	4	0.25	0	1	0.00	—	—
6	1	5	0.2	—	—	—	—	—
计算结果	$\Delta_{p-out}=0.46$			$\Delta_{p-in}=0.2$			$\Delta=0.17$	$\Delta_p=0.33$

Clarkson（2004，2005）将专利网络密度应用于专利联盟垄断性的判别中[7,81]。他指出，随着专利不断发布，专利丛林变得越来越密集和众多。如专利联盟是该问题唯一的解决途径，则利用专利网络密度揭示专利丛林在既定范围内是否存在，能为判断专利联盟是否促进竞争提供重要的依据。该研究以MPEG和PPK两个专利联盟的中专利网络密度为例，与其周边专利及整个专利空间的网络密度进行了对比，发现这两家联盟中专利的密度显著要高。那么该情况可作为联盟对反垄断诉讼的抗辩依据，以及反垄断部门审查联盟时必须考虑的因素。

3.4.3 三角阻碍

Graevenitz等（2008，2009）指出，以往研究中由单纯的专利引用数量代理表示的专利丛林密度，仅是一种间接的专利丛林测度方法[82-83]。他们根据专利丛林定义，开发了三角阻碍度量的方法来“直接测量专利丛林密度”。该方法核心是辨识某技术领域的“三角阻碍”情况：三家公司之间，每家公司都拥有能阻碍另两家使用其专利的专利。如果出现这一情况，则任意两家公司解决双向阻碍的可能取决于第三家公司的行动，由此任意两家公司间的独立双边谈判都无法解决讨价还价问题。显然，解决三角阻碍要比解决相互阻碍更加困难重重，也会使得谈判成本激增。那么，三角阻碍即为专利丛林的基本组成元素，通过统计某项技术涉及三角阻碍的数量，即可度量专利丛林的密度。图

3 – 2 展示了三角阻碍的关系结构。

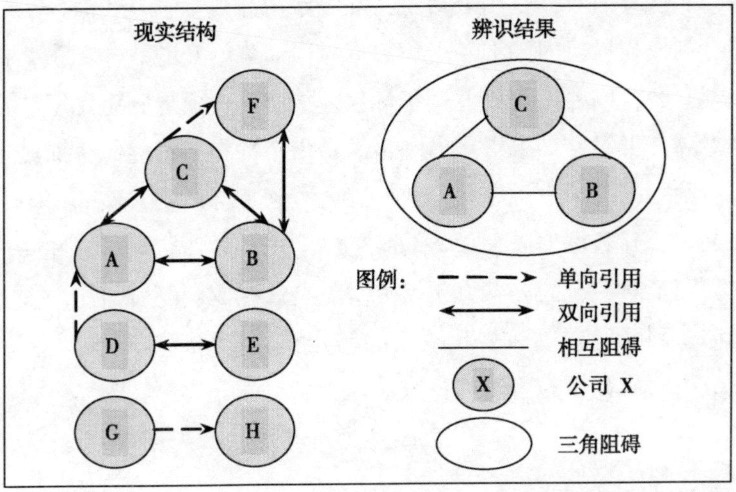

图 3 – 2　三角阻碍关系结构示意

在实践中，可按如下步骤执行三角阻碍的应用：①按照 OST – INPI/FhG – ISI 技术分类将专利划入不同技术领域；②在每个技术领域中，辨识全部公司专利的 X 引用和 Y 引用。所谓 X 引用是指引用本公司的相关材料，Y 引用是指引用其他公司的材料。显然，辨识的重点是 Y 引用；③将有阻碍关系的公司配对列出，其中前一公司能够阻碍后一公司的专利；④进一步配对列出有双向阻碍关系的公司，即两家公司能相互阻碍对方的专利；⑤最后辨识全部有三角阻碍关系的公司，并统计该技术领域三角阻碍的个数。通常可以只统计某领域最重要的公司（如销售额排行前 100 家公司）的相关专利，这样能够减少计算量并聚焦最重要的阻碍关系。

由三角阻碍的数量可直接表示某技术领域在特定时点的专利丛林严重程度。这使研究者能分析在不同技术领域发生敲竹杠的风险对与公司专利策略的影响。Graevenitz 等（2008）应用这一指标发现，某技术领域的三角引用数量与专利申请的增长显著正相关[82]。Graevenitz 等（2009）应用该指标发现，在传统复杂技术领域中专利丛林问题更严重，而在传统的离散技术领域专利丛林密度较小[83]。

上述三方面专利丛林密度度量的相关研究，为专利丛林理论的深化发展和在实证研究中的应用提供了重要的借鉴。但是，以往研究主要依据公开的专利引用数据，而这方面数据仅当公司就其发明申请并被授予专利时才可获得。那么当存在专利侵权风险但无专利引用数据时，如某厂商的非专利工艺技术使用了其他公司专利，则会出现第Ⅱ类统计偏差。而当一项专利引用不涉及侵权风险或其他专利许可时，如被引用专利不满足创新性和新颖性等方面要求而不具有实质性，则会出现第Ⅰ类统计偏差。因此专利丛林度量方面的研究，还有待应用企业的非公开数据加以细化。同时可以发现，如片段化指标和三角阻碍主要是指向公司策略性行为，其直接研究对象是掌握专利的公司。而专利网络密度主要指向专利联盟反垄断公共政策的制定，其直接研究对象是联盟中的专利。因此应根据研究目的慎选计算方法。

3.5 本章结论

本章从多个角度分析了专利丛林问题，得到以下几方面结论。①指出专利丛林产生的根本原因是当前技术复杂化的趋势。专利丛林是一个自我繁殖、强化的系统，个体对该问题的理性应对会造成进一步严重化的结果；②专利丛林的蔓延主要体现为专利申请和授权的数量显著增加、专利覆盖范围更加广泛、“专利挖掘”和“专利延长申请”手段的普遍使用以及专利侵权诉讼标的和数量的增大；③通过博弈模型得出专利丛林的经济影响为，专利丛林事前会抑制研发投资，事后会放大专利权人的垄断力量，抑制市场竞争并损害社会福利，因此对市场效率有很强的负面影响。④评介三种专利丛林密度度量方法。展示了片段化指标、网络密度与三角阻碍度量的核心算法，并附算例加以说明，且讨论了方法的实践应用。这些度量方法是相关实证研究的重要基础。

总体而言，专利丛林的相关研究仍是一个新兴领域，尤其国内相关研究尚处于起步阶段。但随着经济一体化及知识产权保护在全球范围加强的趋势，专利丛林问题的出现在我国也将无法避免，因此相关研究亟待加强。而从已有研究中可以发现，专利丛林是一个多层次概念，可以从不同的角度加以研究，且相关研究有非常广阔的应用领域。微观的企业行为，中观的产业发展，乃至宏观国民经济运行都可作为专利丛林研究的切入点。与之相对应，相关研究成果可应用于指导企业并购和结成联盟等重要的策略性行为，制定产业发展政策，专利政策机制设计及反垄断公共政策的制定等。

当前知识经济在我国正迅速发展，作为专利丛林问题的初步应对，政府应健全和完善相关政策法规和配套服务，重点包括以下四个方面。首先，严格专利审查制度，提高专利实用性和新颖性方面的要求。近年来，我国专利数量整体增长很快，但增长主要集中在质量较低的实用新型和外观设计方面，高质量的发明专利增长却较慢。低质量的专利对经济增长和企业核心竞争力提升作用较小，反而可能导致专利丛林问题急剧严重化。因此提高专利授予的“门槛”，对缓解专利丛林问题有很大意义。其次，设立知识产权交易所（intellectual property clearinghouses）[86]等机构，鼓励专利许可交易，促进专利许可市场繁荣。现实中许多企业由于不熟悉专利许可业务，仅将取得的知识成果作为技术秘密而不申请专利保护，甚至取得专利后也仅自用而不寻求对外许可。这种现象，一方面使技术资源闲置浪费，没有充分发挥其营利能力；另一方面加剧了专利技术供给与需求的矛盾，使知识产权纠纷更容易发生。因此完善配套服务，便利专利许可交易并提升交易量水平，对于抑制高昂的交易成本有积极意义。再次，依据公平、合理、无歧视（FRAND）的基本原则健全相关法规，加强对专利许可的指导。专利作为一种合法垄断权，当结合了企业策略性行为其垄断力量将大大加强，这即是所谓的专利滥用。如 Dell 公司对 VESA－VL 总线标准的诉讼威胁，摩托罗拉公司和罗克韦尔实验室围绕 ITU－V. 34 调制解调标准的诉讼等，都是滥用专利权的著名案例。防止专利滥用，减少企业“敲竹杠”的机会主义行为，无疑有助于缓解专利丛林问题。最后，也是重中之重的政策，即制定相应产业政策，在高新技术产业中规划、培育和推动由我国企业主导的专利联盟。近年来，专利联盟被普遍认为是专利丛林问题的最直接解决方案[2]。各国政府纷纷承认了专利联盟“可提供促进竞争的好处”“对形成行业标准是必要的”，并制定“善待”政策扶植专利联盟。因此扶植专利联盟形成，不仅对专利丛林问题解决有直接的效果，而且对提高我国企业国际竞争力有重大作用。

第 4 章　专利联盟的竞争效应

专利联盟的竞争效应一直是理论界和司法界共同关心的问题。美国颁布的《知识产权许可的反垄断指南》明确指出了专利联盟可以产生促进竞争效应，同时专利联盟在一定条件下也可能导致滋生卡特尔行为。市场结构和市场绩效之间的关系一直是产业组织理论的一个重要研究领域。这个研究领域出现最早的理论流派是以 Mason 和 Bain 为代表的美国哈佛学派，哈佛学派的主要成就是提出“结构—行为—绩效（structure-conduct-performance）”模式，认为从相关市场长期性组织结构出发，市场必须保持足够的竞争者，才能维护竞争性的市场结构，主张对非横向合并行为进行严厉而苛刻的监控。其后，以Stigler为代表的美国芝加哥学派兴起并创立了“行为主义”理论，不承认在市场结构、市场行为和市场绩效之间存在着必然的联系。以 Shapiro 为代表的后芝加哥学派提出反垄断法应当以阻止垄断厂商将消费者福利转移为垄断利润为首要目标，而不仅仅是提高整个资源配置效率[96-101]。

《知识产权许可的反垄断指南》、知识产权法和反托拉斯法的一个共同目的就是提高市场效率。因而，本章通过考察专利联盟对市场效率的影响，来讨论其竞争效应。分别从两个不同角度对专利联盟竞争效应问题进行了研究：其一，以联盟内部的定价权分配规则为切入点，比较了无专利联盟，有由纵向一体化企业定价的专利联盟，以及有由专业研发企业定价的专利联盟三种情况的市场绩效，得出了联盟定价权分配规则对市场效率的影响。其二，以专利间“替代—互补”关系和产品的差异化竞争关系为切入点，比较了无、有专利联盟两种情况下的市场绩效，得出了专利联盟在不同专利关系和产品关系环境下对市场效率的影响。

4.1　有效率的联盟定价权分配

在 Kim（2004）[13] 和 Kinokuni 等（2008）[45] 的模型中，联盟设置许可费率的目标为所有成员利润之和最大化。但由于专利联盟的本质是其成员的利益聚合体而非利益主体，这些模型中的“整体最优”未能考虑异质成员在许可费率设置上的利益冲突。现实中，由于利润结构的差异，异质成员在联盟许可费率的设置上必然有所争夺，以实现己方利益最大化。本节针对这一问题建立博弈模型，讨论由不同类型联盟成员掌握定价权对市场效率的影响。且同时，Aoki 和 Nagaoka（2004）[28] 与 Layne - Farrar 和 Lerner（2008）[32] 都认为，恰当的联盟规则有利于联盟形成。相对的，本节也讨论了专利联盟定价权分配规则对联盟形成的影响。

4.1.1　模型构建

考虑一个完全信息条件下的垂直结构市场。该市场由上下游两部分构成，上游是专利市场，下游是同质产品市场。有三类企业在该市场上活动：第一类是 n 家既在上游进行专利许可，又在下游从事产品生产的纵向一体化企业{v1，v2，…，vn}（下文简称 V 企业）；第二类是 m 家仅在上游从事专利许可的专业研发企业{u1，u2，…，um}（下文简称 U 企业）；第三类是 s 家仅在下游从事产品生产的专业生产企业{d1，d2，…，ds}（下文简称 D 企业）。每家 V 企业和 U 企业各拥有一项下游生产所需的专利，V 企业和 D 企业使用这些专利生产同质产品。须注意的是，虽然相同性质的企业市场势力往往是不一样的，如 CD 专利联盟中的飞利浦和索尼是核心企业，市场势力远大于联盟中其他企业。但本章重在研究异质企业间动机的差别，因此忽略同质企业的差别。下游产品线性反需求函数为：$P(Q) = a - bQ$ ，$a,b > 0$ 且 $a > c$ 。其中 c 为除专利许可费外，下游企业对称的产品边际生产成本；市场产量 Q 为所有企业的产量之和，即 $Q = \sum q_{vi} + \sum q_{dj}$ 。

在该市场上，参与者进行如下两阶段博弈。在阶段 1，如果上游未形成专利联盟，V 企业和 U 企业同时制定各自许可费率 $\{l_{v1},\cdots,l_{vn};l_{u1},\cdots,l_{um}\}$ ；如果上游已形成一个专利联盟，则由联盟制定全部专利的打包许可费率 $l_p \geqslant 0$ 。阶段 2，下游厂商展开古诺—纳什竞争，同时决定各自产量 $\{q_{v1},\cdots,q_{vn};q_{d1},\cdots,q_{ds}\}$ 。我们进一步对模型作如下假设：

①专利互补。即 V 企业和 D 企业为生产既定同质产品，必须同时使用上游全部 $n+m$ 个专利，缺一不可。本假设是对现代专利联盟基本特征的抽象。各国法律普遍规定，为防止以专利联盟为媒介的合谋垄断行为，进入联盟的专利应是互补的。且出于通过审查和规避反垄断诉讼的动机，许多联盟还聘请外部专家确认其专利的互补性（Chiao 等，2007）[87]。

②专利许可无纵向约束，且许可费率是非歧视的。本假设的基础是知识产权许可的合理非歧视（FRAND）原则。一般来说，带有纵向约束性质及歧视性的联盟条款为各国反垄断法规普遍禁止（Carlson，1999）[38]。

③专利许可本身不发生成本，收费采用线性许可费率的方式。本假设反映了现实中专利许可的一般特点。一方面，专利权易复制的特点，决定了专利权人对外许可一般无须负担成本；另一方面，现实中多数联盟采用线性收费方式，非线性的许可收费并不常见。即便一些联盟会收取固定的“入门费”，其数额也相对较小（Kim，2004）[13]。

④ $n\geqslant 2$ ，$m\geqslant 2$ ，且 $s\geqslant 1$ 。本假设旨在保证研究的普适性。当 $n=0$ 时，市场上不存在 V 企业，Shapiro（2001）[2] 对此特殊结构的市场进行了充分讨论。当 $n=1$ 时，V 企业为保持下游垄断地位，将拒绝许可其专利。当 $m\leqslant 1$ 时，各 V 企业可通过交叉许可优化利润，对外许可的联盟不会形成，而 U 企业（如果存在）更倾向不加入并阻碍该联盟（Schmidt，2006）[43]。当 $s=0$ 时，V 企业将“退化”为 D 企业，市场均衡与 $n=0$ 的特殊情况相似。

4.1.2 模型均衡

4.1.2.1 无联盟情况下的市场均衡

可以从模型构架中看出，在无专利联盟的情况下得到的市场均衡与 3.3.2 小节的结果是完全相同的。因此在无联盟情况下，各 V 企业和 U 企业的利润分别为

$$\pi_{vi}^{NP}=\frac{2(n^2+2n-1)(a-c)^2}{[n(n+3)+2m(n+1)+(n-1)]^2 b} \qquad (公式 4-1)$$

$$\pi_{ui}^{NP} = \frac{4(n^2+n)(a-c)^2}{[n(n+3)+2m(n+1)+(n-1)]^2 b} \qquad (公式4-2)$$

须注意的，公式4-2所示U企业利润全部为专利许可收益，公式4-1所示的V企业利润由上游许可利润 $\pi_{vi(u)}^{NP}$ 与下游生产利润 $\pi_{vi(d)}^{NP}$ 两部分构成，分别为

$$\pi_{vi(u)}^{NP} = \frac{2(n^2+2n-3)(a-c)^2}{[n(n+3)+2m(n+1)+(n-1)]^2 b} \qquad (公式4-3)$$

$$\pi_{vi(d)}^{NP} = \frac{4(a-c)^2}{[n(n+3)+2m(n+1)+(n-1)]^2 b} \qquad (公式4-4)$$

无联盟情况下的消费者剩余 CS^{NP} 和社会体福利 SW^{NP} 分别为

$$CS^{NP} = \frac{(a-P_{NP}^*)Q_{NP}^*}{2} = \frac{2n^2(a-c)^2}{[n(n+3)+2m(n+1)+(n-1)]^2 b} \qquad (公式4-5)$$

$$SW^{NP} = \sum \pi_{vi}^{NP} + \sum \pi_{ui}^{NP} + CS^{NP} = \frac{2n[n(n+3)+2m(n+1)-1](a-c)^2}{[n(n+3)+2m(n+1)+(n-1)]^2 b} \qquad (公式4-6)$$

4.1.2.2　有联盟情况下的市场均衡

联盟收益分配规则一般由其成员谈判议定，这一谈判过程近似服从多方无限轮流出价的讨价还价。我们由此将U企业与V企业抽象为两个利益共同体，以公式4-2、公式4-3所示无联盟情况的专利许可收益 π_{ui}^{NP} 与 $\pi_{vi(u)}^{NP}$ 为保留效用，进行“纳什讨价还价”确定联盟收益分配。通过该过程可得联盟总许可收入 R_p 对V企业的分配 r_{vi} 和对U企业的分配 r_{ui} 分别为

$$r_{vi} = \frac{R_p}{n+m} - \Delta_v = \frac{Ql_p}{n+m} - \frac{2m(n^2+3)(a-c)^2}{(n+m)[n(n+3)+2m(n+1)+(n-1)]^2 b} \qquad (公式4-7)$$

$$r_{ui} = \frac{R_p}{n+m} + \Delta_u = \frac{Ql_p}{n+m} + \frac{2n(n^2+3)(a-c)^2}{(n+m)[n(n+3)+2m(n+1)+(n-1)]^2 b} \qquad (公式4-8)$$

现实中，约2/3以上的专利联盟采用按投入联盟中专利的数量分配联盟收益“数量比例”规则（Layne－Farrar和Lerner，2008）[32]，此规则与公式4-7、公式4-8所示的分配结果基本相符，而公式中所示转移支付（Δ_v 与 Δ_u）

并非一定在联盟内部完成。需说明的是，此处联盟收益分配规则确定独立于后续博弈。此模型设置源于这样的基本事实：多数情况下，专利权人在联盟组建阶段，仅根据各自专利价值遵循“公平”原则商定收益分配规则，且很少考虑后续的许可费率设置和下游生产等信息。那么，各 V 企业、U 企业及 D 企业利润分别为

$$\pi_{vi} = (a - bQ - c - l_p)q_{vi} + \frac{Ql_p}{n+m} - \frac{2m(n^2+3)(a-c)^2}{(n+m)[n(n+3)+2m(n+1)+(n-1)]^2 b} \quad \text{（公式 4 – 9）}$$

$$\pi_{ui} = \frac{Ql_p}{n+m} + \frac{2n(n^2+3)(a-c)^2}{(n+m)[n(n+3)+2m(n+1)+(n-1)]^2 b} \quad \text{（公式 4 – 10）}$$

$$\pi_{di} = (a - bQ - c - l_p)q_{di} \quad \text{（公式 4 – 11）}$$

下面对有联盟情况下的市场均衡逆推求解。根据公式 4 – 9 和公式 4 – 11，可解得在阶段 2，各 V 企业、D 企业的最优产量及市场总产量分别为

$$q_{vi}^* = \begin{cases} \dfrac{(a-c)}{(n+s+1)b} - \dfrac{(n+m-s-1)l_p}{(n+m)(n+s+1)b} & 当 0 \leqslant l_p < \dfrac{(n+m)(a-c)}{(2n+m)} \\[2ex] \dfrac{(a-c)}{(n+1)b} - \dfrac{(n+m-1)l_p}{(n+m)(n+1)b} & 当 \dfrac{(n+m)(a-c)}{(2n+m)} \leqslant l_p < \dfrac{(n+m)(a-c)}{(n+m-1)} \end{cases} \quad \text{（公式 4 – 12）}$$

$$q_{dj}^* = \begin{cases} \dfrac{(a-c)}{(n+s+1)b} - \dfrac{(2n+m)l_p}{(n+m)(n+s+1)b} & 当 0 \leqslant l_p < \dfrac{(n+m)(a-c)}{(2n+m)} \\[2ex] 0 & 当 \dfrac{(n+m)(a-c)}{(2n+m)} \leqslant l_p < \dfrac{(n+m)(a-c)}{(n+m-1)} \end{cases} \quad \text{（公式 4 – 13）}$$

$$Q^* = \begin{cases} \dfrac{(n+s)(a-c)}{(n+s+1)b} - \dfrac{[(n+m)(n+s)-n]l_p}{(n+s+1)(n+m)b} & 当 0 \leqslant l_p < \dfrac{(n+m)(a-c)}{(2n+m)} \\[2ex] \dfrac{n(a-c)}{(n+1)b} - \dfrac{n(n+m-1)l_p}{(n+1)(n+m)b} & 当 \dfrac{(n+m)(a-c)}{(2n+m)} \leqslant l_p < \dfrac{(n+m)(a-c)}{(n+m-1)} \end{cases} \quad \text{（公式 4 – 14）}$$

需说明的是，当 $\dfrac{(n+m)(a-c)}{(n+m-1)} > l_p \geqslant \dfrac{(n+m)(a-c)}{(2n+m)}$ 时，下游市场仅剩下 V 企业进行生产，D 企业被排斥在市场之外，市场上无非联盟成员活动，

下文称之为封闭联盟情况。当 $0 \leqslant l_p < \frac{(n+m)(a-c)}{(2n+m)}$ 时，D企业与V企业同时在下游市场生产，下文称之为开放联盟情况。此外，当 $l_p \geqslant \frac{(n+m)(a-c)}{(n+m-1)}$ 时，下游产品不会被生产，联盟也无许可收入，而 $l_p < 0$ 意味着联盟对下游生产进行补贴，显然不合理，因此不会出现。

在阶段1对 l_p 的确定上，一方面，V企业与U企业是存在分歧的。这是由于V企业的利润 π_{vi} 由上游联盟分配和下游生产利润两部分构成，而U企业利润 π_{ui} 仅来源于联盟的分配，利润结构差异会导致 π_{vi} 与 π_{ui} 最大化时的联盟定价 $l_{vp}^* \neq l_{up}^*$。另一方面，由于各企业的专利和边际生产成本是对称的，因此同类型企业在此阶段的利益一致。在收益分配规则既定的前提下，V企业与U企业的利益分歧很难协调，联盟整体最优定价将无法被各方认同。现实中更可能出现的情况是，一类成员取得联盟定价主导权，将 l_p 确定在自身利润最大化水平上。即联盟最优许可费率 $l_p^* \in \{l_{vp}^*, l_{up}^*\}$。我们将就可能出现的市场均衡分别进行讨论。

将公式4－2、公式4－14中封闭联盟情况下的产量代入公式4－9、公式4－10，分别求解封闭联盟情况下两类成员的最优许可费率，结果如辅助命题4－1所示。

辅助命题4－1：V企业与U企业在封闭联盟情况下的局部最优许可费率为

$$l'_{vp} = l'_{up} = \frac{(n+m)(a-c)}{(2n+m)} \qquad \text{（公式4－15）}$$

证明：根据公式4－9、公式4－10的利润和公式4－12、公式4－14的产量，封闭联盟情况为

$\frac{\partial \pi_{vi}}{\partial l_p} = \frac{(n^2-2n-2m+1)(a-c)}{(n+1)^2(n+m)b} - \frac{2(n^2-n-m)(n+m-1)l_p}{(n+1)^2(n+m)^2b} \leqslant \frac{-m(a-c)}{(n+m)(2n+m)b} < 0$；$\frac{\partial \pi_{ui}}{\partial l_p} = \frac{n(n+m)(a-c)-2n(n+m-1)l_p}{(n+1)(n+m)^2b} < \frac{n(a-c-2l_p)}{(n+1)(n+m)b} \leqslant \frac{-nm(a-c)}{(n+1)(n+m)(2n+m)b} < 0$。也就是说，$\pi_{vi}$ 和

π_{ui} 在 $\frac{(n+m)(a-c)}{(2n+m)} \leqslant l_p < \frac{(n+m)(a-c)}{(n+m-1)}$ 的区间上递减。因此 π_{vi} 和 π_{ui} 的最大化取值同为此区间下界，即 $l'_{up} = l'_{vp} \frac{(n+m)(a-c)}{(2n+m)}$。证毕。

将公式4－12、公式4－14中开放联盟情况下的产量代入公式4－9、公式4－10，分别求开放联盟情况下两类成员的最优许可费率，结果如辅助命题4－2所示。

辅助命题4－2：V企业与U企业开放联盟情况下的局部最优许可费率分别为

$$l''_{vp} = \begin{cases} \frac{(a-c)}{2}\left[1 + \frac{m(2n+m)}{(2n+m)^2 - (n+m)(n+s+1)^2}\right] & \text{当 } 2(2n+m) < (n+s+1)^2 \\ 0 & \text{当 } 2(2n+m) > (n+s+1)^2 \end{cases}$$

（公式4－16）

$$l''_{up} = \frac{(a-c)}{2}\left[1 + \frac{n}{(n+m)(n+s)-n}\right] \qquad \text{（公式4－17）}$$

证明：根据公式4－9、公式4－10的利润和公式4－12、公式4－14的产量，在开放联盟的情况下有

①满足 $\frac{\partial \pi_{vi}}{\partial l_p} = 0$ 唯一驻点为

$$\hat{l}_{vp} = \frac{(a-c)}{2}\left[1 + \frac{m(2n+m)}{(2n+m)^2 - (n+m)(n+s+1)^2}\right]$$

但 $\frac{\partial^2 \pi_{vi}}{\partial l_p^2} = \frac{(2n+m)^2 - (n+m)(n+s+1)^2}{(n+m)^2(n+s+1)^2 b}$ 与0的大小关系不定，如当 $n=2$、$m=2$、$s=1$ 时，$\frac{\partial^2 \pi_{vi}}{\partial l_p^2} = -\frac{7}{38b} < 0$，当 $n=2$、$m=10$、$s=1$ 时，$\frac{\partial^2 \pi_{vi}}{\partial l_p^2} = \frac{1}{36b} > 0$，即 $\hat{l}_{vp}$ 既可能是 π_{vi} 的极大值点，又可能是 π_{vi} 的极小值点。

（Ⅰ）当 $(n+s+1)^2 > 2(2n+m)$ 时，$\hat{l}_{vp}$ 为 π_{vi} 的极大值点，且显然处于 $[0, \frac{(n+m)(a-c)}{(2n+m)}]$ 的合理区间内；（Ⅱ）当 $2(2n+m) > (n+s+1)^2 > \frac{(2n+m)^2}{(n+m)}$ 时，π_{vi} 的极大值点 $\hat{l}_{vp} < 0$。由于 $l_p \geqslant 0$ 的约束，且 π_{vi} 为 l_p 的二次函

数，因此距 $\hat{l}_{vp}$ 最近的 l_p 定义域端点0为合理的 π_{vi} 极大值点；（Ⅲ）当 $\frac{(2n+m)^2}{(n+m)} > (n+s+1)^2$ 时，$\hat{l}_{vp}$ 为 π_{vi} 的极小值点。

根据 π_{vi} 为 l_p 的二次函数的性质，仅 l_p 定义域两侧端点可能为 π_{vi} 的极大值点。又因此时有 $\pi_{vi}(0)-\pi_{vi}[\frac{(n+m)(a-c)}{(2n+m)}]=\frac{[(2n+m)^2-n(n+s+1)^2](a-c)^2}{(2n+m)^2(n+s+1)^2b}>0$，所以0为 π_{vi} 在此时的极大值点。综合上述三种情况，在开放联盟情况下使 π_{vi} 最大化的联盟定价为

$$l''_{vp}=\begin{cases}\frac{(a-c)}{2}\left[1+\frac{m(2n+m)}{(2n+m)^2-(n+m)(n+s+1)^2}\right] & \text{当}2(2n+m)<(n+s+1)^2\\ 0 & \text{当}2(2n+m)>(n+s+1)^2\end{cases}$$

②$\frac{\partial^2\pi_{ui}}{\partial l_p^2}=\frac{-2[(n+m)(n+s)-n]}{(n+s+1)(n+m)^2b}<0$，$\pi_{ui}$ 最大化二阶条件满足。由 π_{ui} 最大化的一阶条件 $\frac{\partial\pi_{ui}}{\partial l_p}=0$，可得到唯一驻点 $\hat{l}_{up}=\frac{(a-c)}{2}\left[1+\frac{n}{(n+m)(n+s)-n}\right]>0$。又根据 $\frac{(n+m)(a-c)}{(2n+m)}-\hat{l}_{up}=\frac{(n+m)[(m-2)n+ms](a-c)}{2(2n+m)[(n+m)(n+s)-n]}>0$，可知 $\hat{l}_{up}$ 必定位于合理的取值范围之内。因此在开放联盟的情况下，使 π_{ui} 达到最大化的联盟定价 $l''_{up}=\hat{l}_{up}=\frac{(a-c)}{2}\left[1+\frac{n}{(n+m)(n+s)-n}\right]$。证毕。

比较辅助命题4－1和辅助命题4－2中开放与封闭联盟两种情况，分别求解两类成员的全局最优许可价格，结果如辅助命题4－3所示。

辅助命题4－3：V企业与U企业在开放联盟情况下的局部最优许可费率，为它们各自在有专利联盟情况下的全局最优许可费率，即有 $l^*_{vp}=l''_{vp}$、$l^*_{up}=l''_{up}$。

证明：据公式4－9、公式4－10的利润，公式4－12、公式4－14的产量，及公式4－15、公式4－16、公式4－17许可价格：

①$\pi_{ui}(l''_{up})-\pi_{ui}(l'_{up})=\frac{[(m-2)n+sm](a-c)^2}{4(2n+m)^2(n+s+1)[(n+m)(n+s)-n]b}>0$。

②当 $2(2n+m)<(n+s+1)^2$，即 $l''_{vp}=\hat{l}_{vp}$ 时：（Ⅰ）在开放联盟情况下，由于 l''_{vp} 是 π_{vi} 的极大值点，显然有 $\pi_{vi}(l''_{vp})>\pi_{vi}(l''_{up})$；（Ⅱ）如果不考虑转移支付，各V企业与U企业获得的联盟收益分配相同，且开放联盟情况下各V企业的下游生产利润 $\pi_{vi(d)}$ 为正数，因此 $\pi_{vi}(l''_{up})=\pi_{ui}(l''_{up})+\pi_{vi(d)}(l''_{up})-\Delta_u-\Delta_v>\pi_{ui}(l''_{up})-\Delta_u-\Delta_v$；（Ⅲ）由本证明①可知，$\pi_{ui}(l''_{up})>\pi_{ui}(l'_{up})$，因此 $\pi_{ui}(l''_{up})-\Delta_u-\Delta_v>\pi_{ui}(l'_{vp})-\Delta_u-\Delta_v$；(iv) $\pi_{ui}(l'_{up})=\dfrac{n(a-c)^2}{(2n+m)^2b}+\Delta_u$，$\pi_{vi}(l'_{vp})=\dfrac{n(a-c)^2}{(2n+m)^2b}-\Delta_v$。（Ⅳ）由此 $\pi_{vi}(l'_{vp})=\pi_{ui}(l'_{vp})-\Delta_u-\Delta_v$。综上四点可得 $\pi_{vi}(l''_{vp})>\pi_{vi}(l''_{up})>\pi_{ui}(l''_{up})-\Delta_u-\Delta_v>\pi_{ui}(l'_{vp})-\Delta_u-\Delta_v=\pi_{vi}(l'_{vp})$。

③当 $2(2n+m)>(n+s+1)^2$ 即 $l''_{vp}=0$ 时：由 $(2n+m)^2>2n(2n+m)>n(n+s+1)^2$ 可推得 $\pi_{vi}(l''_{vp})-\pi_{vi}(l'_{vp})=\dfrac{[(2n+m)^2-n(n+s+1)^2](a-c)^2}{(2n+m)^2(n+s+1)^2b}>0$。

综上三点，$\pi_{ui}(l''_{up})>\pi_{ui}(l'_{up})$ 及 $\pi_{vi}(l''_{vp})>\pi_{vi}(l'_{vp})$ 恒成立，因此 l''_{up} 与 l''_{vp} 分别为 π_{ui} 及 π_{vi} 的全局最优解。证毕。

由辅助命题4－2、辅助命题4－3可知，由于制定联盟许可费率主体类型及市场上各类型企业数量关系的差别，联盟最优许可费率 l_p^* 可能有三种水平，即 $l_p^*\in\{\hat{l}_{vp},0,l_{up}^*\}$。此三种情况下的市场均衡产量及均衡价格分别为

$$\begin{cases}Q_P^*(\hat{l}_{vp})=\dfrac{(a-c)}{2b}\left[1-\dfrac{m(n+m-s-1)}{(2n+m)^2-(n+m)(n+s+1)^2}\right]\\ P_P^*(\hat{l}_{vp})=c+\dfrac{(a-c)}{2}\left[1+\dfrac{m(n+m-s-1)}{(2n+m)^2-(n+m)(n+s+1)^2}\right]\end{cases}$$

（公式4－18）

$$\begin{cases}Q_P^*(0)=\dfrac{(n+s)(a-c)}{(n+s+1)b}\\ P_P^*(0)=c+\dfrac{(a-c)}{(n+s+1)}\end{cases}$$

（公式4－19）

$$\begin{cases} Q_P^*(l_{up}^*) = \dfrac{(n+s)(a-c)}{2(n+s+1)b} \\ P_P^*(l_{up}^*) = c + \dfrac{(a-c)}{2}(1 + \dfrac{1}{n+s+1}) \end{cases} \quad \text{(公式 4-20)}$$

4.1.3　福利分析

联盟定价权分配会对不同类型成员的利润产生直接影响。由于 l_{vp}^* 与 l_{up}^* 分别是 V 企业和 U 企业在有专利联盟情况下的最优许可费率，因此有 $\pi_{vi}^P(l_{vp}^*) > \pi_{vi}^P(l_{up}^*)$，$\pi_{ui}^P(l_{up}^*) > \pi_{ui}^P(l_{vp}^*)$。无论哪一类企业掌握联盟定价权，都会将 l_p 确定在令自身利润最大化的水平上。如果 V 企业掌握联盟定价权，联盟许可费率将被确定在 l_{vp}^* 的水平上，此时 V 企业的利润会相对增加 [$\pi_{vi}^P(l_{vp}^*) > \pi_{vi}^P(l_{up}^*)$]，而 U 企业利润会相对降低 [$\pi_{ui}^P(l_{vp}^*) < \pi_{ui}^P(l_{up}^*)$]。反之，当 U 企业掌握联盟定价权，联盟许可费率将被确定在 l_{up}^* 的水平上，此时 U 企业的利润会相对增加 [$\pi_{ui}^P(l_{up}^*) > \pi_{ui}^P(l_{vp}^*)$]，而 V 企业利润会相对降低 [$\pi_{vi}^P(l_{up}^*) < \pi_{vi}^P(l_{vp}^*)$]。

从联盟形成之前的“事前”视角来看，联盟定价权分配对其潜在成员预期利润的影响，还会进一步影响它们的加入决策。假设联盟当且仅当所有潜在成员都选择加入时才会成立，此时潜在成员没有阻碍联盟的动机，则只有某潜在成员在有联盟情况下的利润大于无联盟的情况下的利润才会选择加入。即 $\pi_{vi}^P \geqslant \pi_{vi}^{NP}$ 为各 V 企业加入联盟的充要条件，$\pi_{ui}^P \geqslant \pi_{ui}^{NP}$ 为各 U 企业加入联盟的充要条件。从这两个条件出发，我们可推得命题 4－1。

命题 4－1：无论是否掌握定价权，V 企业都会无条件加入联盟。在 $\pi_{ui}^P(l_{vp}^*) > \pi_{ui}^{NP}$ 的情况下，U 企业会无条件加入联盟，联盟是稳定的；而在 $\pi_{ui}^P(l_{vp}^*) < \pi_{ui}^{NP}$ 情况下，仅当掌握联盟定价权时 U 企业才会选择加入，联盟是不稳定的。

证明：①根据：(Ⅰ) $\pi_{vi}^P(l_{vp}^*) > \pi_{vi}^P(l_{up}^*)$；(Ⅱ) $\pi_{vi}^P(l_{up}^*) > \bar{\pi}_{ui}^P = \pi_{ui}^P(l_{up}^*) - \Delta_u - \Delta_v$；(Ⅲ) $\bar{\pi}_{ui}^P - \pi_{vi}^{NP} = \frac{(a-c)^2}{b}\left\{\frac{(n+s)^2}{4(n+s+1)[(n+m)(n+s)-n]} - \frac{4(n^2+n+1)}{[n(n+3)+2m(n+1)+(n-1)]^2}\right\} =$

$\frac{(a-c)^2}{b}\left\{\frac{(n+s)^2[n(n+3)+2m(n+1)+(n-1)]^2}{4b(n+s+1)[(n+m)(n+s)-n][n(n+3)+2m(n+1)+(n-1)]^2} -\right.$

$$\left.\frac{16(n+s+1)[(n+m)(n+s)-n](n^2+n+1)}{4b(n+s+1)[(n+m)(n+s)-n][n(n+3)+2m(n+1)+(n-1)]^2}\right\}>$$

$$\frac{(a-c)^2}{b}\left\{\frac{8m(n+1)(n^2+4n-1)(n+s)^2-16(n^2+n+1)(n+m)(n+s)^2}{4b(n+s+1)[(n+m)(n+s)-n][n(n+3)+2m(n+1)+(n-1)]^2}+\right.$$

$$\left.\frac{16n(n^2+n+1)-16m(n+s)(n^2+n+1)}{4b(n+s+1)[(n+m)(n+s)-n][n(n+3)+2m(n+1)+(n-1)]^2}\right\}>$$

$$\frac{(a-c)^2}{b}\left\{\frac{8n(m-2)(n^2+n+1)(n+s)^2+8m(n+s)(n^3-2n-2)}{4b(n+s+1)[(n+m)(n+s)-n][n(n+3)+2m(n+1)+(n-1)]^2}+\right.$$

$$\left.\frac{8m(n+s)(n^2-1)(s-1)+16n(n^2+n+1)}{4b(n+s+1)[(n+m)(n+s)-n][n(n+3)+2m(n+1)+(n-1)]^2}\right\}>0$$

可推得 $\pi^P_{vi}(l^*_{vp})>\pi^P_{vi}(l^*_{up})>\bar{\pi}^P_{ui}>\pi^{NP}_{vi}$。即无论联盟定价权由哪类企业掌握，V企业在有联盟时的利润总大于无联盟情况。

②一方面，考虑由 U 企业制定联盟价格的情况。由本证明①部分可得 $\pi^P_{ui}(l^*_{up})-\pi^{NP}_{ui}=\frac{(n+s)^2(a-c)^2}{4(n+s+1)[(n+m)(n+s)-n]b}-\frac{4(n^2+n)(a-c)^2}{[n(n+3)+2m(n+1)+(n-1)]^2b}+\Delta_u>0$，即 U 企业在有联盟时利润大于无联盟情况。另一方面，考虑由 V 企业制定联盟价格的情况。当 $l^*_{vp}=0$ 时，$\pi^P_{ui}(l^*_{vp})-\pi^{NP}_{ui}=\frac{-2[n^3+2n^2+2mn^2+(2m-3)n](a-c)^2}{(n+m)[n(n+3)+2m(n+1)+(n-1)]^2b}<0$。$l^*_{vp}=\hat{l}_{vp}$ 时，π^P_{ui} 与 π^{NP}_{ui} 大小不定。如 $n=2$、$m=3$、$s=1$ 时，$\pi^P_{ui}(\hat{l}_{vp})-\pi^{NP}_{ui}\approx-0.0011\frac{(a-c)^2}{b}<0$，$n=2,m=2,s=1$ 时，$\pi^P_{ui}(\hat{l}_{vp})-\pi^{NP}_{ui}\approx0.0087\frac{(a-c)^2}{b}>0$。综合考虑上述两方面考虑，在 $\pi^P_{ui}(l^*_{vp})>\pi^{NP}_{ui}$ 的市场结构下，无论联盟定价权由哪类企业掌握，U 企业在有联盟情况下的利润总大于无联盟情况，因此会无条件选择加入联盟。而在 $\pi^P_{ui}(l^*_{vp})<\pi^{NP}_{ui}$ 的市场结构下，如果联盟定价权由 U 企业掌握，则 U 企业在有联盟情况下的利润大于无联盟情况，会选择加入；相反如果联盟定价权由 V 企业掌握，U 企业在有联盟情况下的利润小于无联盟情况，因此会选择不加入。证毕。

Aoki 和 Nagaoka（2004）认为，V 企业有加入联盟能够获得降低取得他人专利许可的交易成本和提高自有专利的许可数量两方面的好处，由此有较强的倾向加入联盟[28]。而 U 企业仅能获得提高自身专利许可数量的好处，因此加入联盟的倾向较小。Layne – Farrar 和 Lerner（2008）通过电子信息领域与 9 个重要专利联盟相关的 170 家专利持有企业为样本的实证研究，验证了 V 企业较 U 企业更倾向加入联盟的理论[32]。该研究进一步认为，不考虑企业类型差别的收益的平均分配，导致了 U 企业在有联盟情况下利润不足并产生"避开且阻碍联盟的动机"。命题 4 – 1 从定价权分配角度阐释了上述研究中专利联盟的"形成困境"，并给出解决方案：由 U 企业掌握联盟定价权会弥补其加入激励的不足，促进完整联盟形成。

由公式 4 – 9 到公式 4 – 14 及辅助命题 4 – 3 可得，有联盟的情况下社会福利为

$$SW^P = \sum \pi_{vi}^P + \sum \pi_{ui}^P + \sum \pi_{di}^P + CS^P = (a - bQ - c - l_p)Q_P^* + l_p Q_P^* + (a - P_P^*)Q_P^*/2 = \frac{(n+s)(n+s+2)(a-c)}{2(n+s+1)^2 b} - \frac{[(n+m)(n+s)-n]l_p}{(n+s+1)^2(n+m)b} - \frac{[(n+m)(n+s)-n]^2 l_p{}^2}{2(n+s+1)^2(n+m)^2 b}$$

（公式 4 – 21）

公式 4 – 21 表明，SW^P 是 l_p 的二次函数，必然受 l_p 变化的影响。我们进一步将联盟定价权分配对社会福利的影响概括为下述命题 4 – 2。

命题 4 – 2：在有专利联盟的情况下，V 企业掌握联盟定价权时社会福利较大，U 企业掌握联盟定价权时社会福利较小。而且有联盟情况下的社会福利总高于无联盟情况。

证明：①由公式 4 – 7 有 $l_{up}^* > 0$。而在 $l_{vp}^* = \hat{l}_{vp}$ 的情况下，$l_{up}^* > \frac{(a-c)}{2} > \hat{l}_{vp}$。因此有 $l_{up}^* > l_{vp}^*$。由公式 4 – 2 可得 $\frac{\partial SW^P}{\partial l_p} = -\frac{[(n+m)(n+s)-n]}{(n+s+1)^2(n+m)b} - \frac{[(n+m)(n+s)-n]^2 l_p}{(n+s+1)^2(n+m)^2 b} < 0$，$SW^P$ 是 l_p 的减函数，因此有 $SW^P(l_{vp}^*) > SW^P(l_{up}^*)$，即在有专利联盟的情况下，V 企业掌握联盟定价权时社会福利较大，U 企业掌握联盟定价权时社会福利较小。

②由 $\frac{\partial SW^P}{\partial l_p} < 0$ 和 $l_{up}^* > l_{vp}^*$ 可得 $\min\{SW^P\} = SW^P(l_{up}^*)$。由公式 4 – 17、

公式4－12有 $min\{SW^{P}\}-SW^{NP}=\frac{(a-c)^2}{b}\left\{\frac{(n+s)(3n+3s+4)}{8(n+s+1)^2}-\frac{2n[n(n+3)+2m(n+1)-1]}{[n(n+3)+2m(n+1)+(n-1)]^2}\right\}>$

$$\frac{(a-c)^2}{b}\left\{\frac{3(n+s)}{8(n+s+1)}-\frac{2n}{[n(n+3)+2m(n+1)+(n-1)]}\right\}=$$

$$\frac{(a-c)^2}{b}\left\{\frac{[3(n+1)(n-1)(n+s)+6m(n+1)(n+s)-3s-4n(n+s)]}{8(n+s+1)[n(n+3)+2m(n+1)+(n-1)]}\right\}>$$

$$\frac{(a-c)^2}{b}\left\{\frac{[3(n+1)(n-1)(n+s)+6m(n+1)(n+s)-4(n+1)(n+s)]}{8(n+s+1)[n(n+3)+2m(n+1)+(n-1)]}\right\}=$$

$\frac{(a-c)^2}{b}\left\{\frac{(3n+6m-7)(n+1)(n+s)}{8(n+s+1)[n(n+3)+2m(n+1)+(n-1)]}\right\}>0$。因此 $SW^{P}\geqslant min\{SW^{P}\}>SW^{NP}$，有联盟情况下社会福利总高于无联盟情况。证毕。

Shapiro（2001）证明了完全由U企业组成的互补专利联盟能提高社会福利[2]。Kim（2004）在此基础上引入了V企业，证明了包含V企业的互补专利联盟能够更大幅度的提高社会福利，且此性质对联盟分配规则是稳健的[13]。Kinokuni等（2008）证明互补专利联盟的收益分配向V企业的倾斜，将降低产品边际生产成本，进一步提高社会福利；相反，向U企业倾斜的收益分配会提高产品边际生产成本，相对降低社会福利[45]。与上述研究对应，命题4－2表明“互补专利联盟提高社会福利”的结论在引入联盟定价权分配因素的考虑后仍具有鲁棒性。且专利联盟既定存在时，联盟定价权分配与联盟收益分配对社会福利有相似影响。将命题4－1、命题4－2映射到实践中联盟定价权有效率的分配，显然可以得出下述推论。

推论4－1：在联盟不稳定时，定价权应分配给U企业，以保证联盟形成，避免无联盟的低福利市场情况；在联盟稳定时，定价权应分配给V企业，以使既定形成的联盟进一步提高社会福利。

由此可见，有效率的联盟定价权分配规则必须优先保证“形成联盟”的目标，在此目标既定达成的前提下，再考虑“进一步提高社会福利”的目标。

4.2 在差异化产品市场上的效应

一些学者针对替代、互补、阻碍等不同关系的专利形成联盟的竞争效应问题进行了研究[1－2,8]。但此类研究仅关注上游专利市场，一般将下游市场简略假设为完全竞争情况或最终顾客，从而未能全面分析联盟对整个纵向市场效率的影响。另一些学者研究了特定类型的专利联盟对“产品—专利”的纵向结构市场效率的影响[13-14,94]。但此类研究多聚焦企业不同的横向、纵向合作形式间的交互影响，假设上游专利关系为完全替代或完全互补，下游产品市场为同质寡头的，并未就竞争者间的关系进行深入讨论。本节将这两方面研究有机结合，针对上述问题建立了动态博弈模型，在上游，基于 LT 模型[8]专利效用累进的“替代—互补”程度关系框架，将专利的使用与产品质量提高直接联系起来。在下游以双寡头差异化古诺竞争[95,96]描述不同厂商选用同一族专利的子集，生产具有不同程度的替代或互补关系的产品。本书据此分析了专利联盟对纵向市场效率的整体影响，并就一些相关问题进行了扩展分析，得出一些有益的结论。

4.2.1　模型构建

考虑一个由上下游两部分构成的完全信息垂直结构市场，其上游是专利许可市场，下游是产品市场，上下游市场各有两家企业。上游两家企业 U1、U2 各拥有一项可提高下游产品质量的对称专利，它们的对称性体现为下游产品质量仅取决于使用专利的数量，与具体哪一项专利无关。设 $V(k)$ 为下游厂商使用 k 项专利后产品质量的提高幅度，它是 k 的单调增函数。进一步设 $V(0)=0, V(2)=\bar{u}$, $V(1)=\alpha\bar{u}$ 。其中 $\bar{u}>0$ 为采用全部两项专利后产品质量的提高；$\alpha\in[0,1]$ 为使用任一项专利与全部专利相比产品质量提高的比例，并且可以表示两专利的替代（互补）程度：当 $\alpha=0$ 时，任何一项专利都无法单独发挥作用，两专利是完全互补的；当 $\alpha=1$ 时，使用任何一项专利都可以产生与两项专利同样的作用，两专利是完全替代的；随着 α 增大，一项专利能够单独产生的作用会增大，两专利的替代程度提高，互补程度下降。

下游企业 D1、D2 分别生产产品 1、2，且边际生产成本为零。设代表消费者（representative customer）消费下游产品所得到的效用为

$$U(q_1,q_2)=q_1+q_2-\frac{q_1^2}{u_1^2}-\frac{q_2^2}{u_2^2}-2\beta\frac{q_1}{u_1}\frac{q_2}{u_2}\qquad（公式 4-22）$$

公式 4-22 中 q_1 、q_2 分别为产品 1、2 的消费量。$\beta\in[-1,1]$ 为产品 1、2 外生水平差异程度。β 取值范围的限制保证了以下求解效用最大化问题中对海

塞矩阵半负定的要求。当 $\beta > 0$ 时两产品是替代的，其替代性随 β 增大而提高；当 $\beta < 0$ 时两产品互补的，其互补性随 β 降低而提高；当 $\beta = 0$ 时两企业产品是独立的。u_1 、u_2 分别表示两家企业的产品质量，二者的相对距离即产品的垂直差异程度。假设在不使用上游专利的情况下，两家企业产品质量对称并同等于0，于是有 $u_i = V(k_i), i \in \{1,2\}$ 。

在总收入条件 $Y = p_1q_1 + p_2q_2 + I$ 的约束下，求解代表消费者效用最大化的规划。其中 p_1 、p_2 为产品 1、2 的价格，Y 为消费者总支出，I 为消费产品 1、2 以外的支出。我们进一步假设 I 足够大，即消费者在此两种产品上的支出仅占其总收入的一小部分，以保证规划的内点解存在。由此可得到产品 1、2 的线性反需求函数分别为

$$p_i = 1 - 2\left(\frac{q_i}{u_i^2} + \frac{\beta q_j}{u_i u_j}\right), i,j \in \{1,2\}, i \neq j \qquad \text{（公式 4－23）}$$

进一步得到消费者消费产品 1、2 得到的消费者剩余为

$$CS = U - p_1q_1 - p_2q_2 = \frac{q_1^2}{u_1^2} + \frac{q_2^2}{u_2^2} + 2\beta \frac{q_1}{u_1}\frac{q_2}{u_2} \qquad \text{（公式 4－24）}$$

在该市场上，参与者进行如下博弈。①阶段 0，企业 U1 与 U2 决定是否加入一个专利联盟，基于专利对称性的纳什讨价还价均衡，联盟将在成员间平均分配许可收益。当且仅当两企业都决定加入时联盟形成；②阶段 1，上游制定专利的许可价格。如果在阶段 0 未形成联盟，企业 U1 与企业 U2 同时、独立制定各自专利许可费率 l_1 与 l_2 ，如果联盟形成，由联盟制定打包许可价格 l_P ，下游企业实施购买；③阶段 2，企业 D1、D2 在下游市场展开差异化产量竞争。该博弈进程如图 4－1 所示。

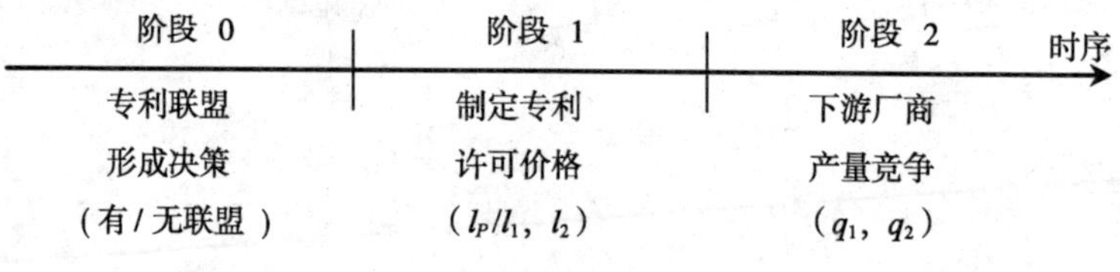

图 4－1　模型博弈进程

4.2.2 模型均衡

4.2.2.1　无联盟情况的子博弈均衡

在阶段0未形成联盟的前提下，根据专利对称的性质及价格竞争的机理可推测，该子博弈的纳什均衡必然在两家下游企业同时购买两项上游专利的情况下出现。我们将在得出均衡后验证此推测。由此两家下游企业的利润函数可被定义为

$$\pi_{NDi} = [1 - \frac{2(q_i + \beta q_j)}{\bar{u}^2} - l_1 - l_2]q_i,\ i,j \in \{1,2\},\ i \neq j$$

（公式4－25）

根据最大化问题 $\underset{\{q_{Ni}\}}{Max}\ \pi_{NDi}$ ，可解得两家下游企业阶段2的最优产量为

$$q_{N1}^* = q_{N2}^* = \frac{\bar{u}^2(1 - l_1 - l_2)}{2(2 + \beta)}$$ （公式4－26）

两家上游企业在阶段1确定最优许可价格时，将同时面临两方面约束。直观上，当一家上游企业试图提高许可价格来增加收益，会担心它的专利不会被下游企业采用，即“竞争边际”的约束。而且它会担心即便下游企业会购买其许可，但会因边际成本提高而减少产量，以致削减对其许可的需求量，即“需求边际”的约束。两家上游企业基于需求边际制定许可价格时，假设两项专利已同时被下游企业购买，即可不考虑丧失全部许可需求的情况。由此两家上游企业的利润函数可被定义为

$$\pi_{NUi} = l_i \sum_{j=1}^{2} q_j = \frac{\bar{u}^2 l_i(1 - l_1 - l_2)}{(2 + \beta)},\ i \in \{1,2\}$$ （公式4－27）

根据问题 $\underset{\{l_i\}}{Max}\ \pi_{NUi}$ ，可解得上游企业在需求边际约束下最优许可价格 $l'_1 = l'_2 = \frac{1}{3}$ 。

而两家上游企业基于竞争边际制定许可价格时，将把价格确定在如果进一步提高，则会丧失对其许可的全部需求的程度。也就是说，在两家下游企业已购买一项专利许可的前提下，再购买另一项专利许可的边际收益不小于0。将公式4－26代回公式4－25可得到，两家下游企业同时购买两项专利许可时得到的利润为

$$\pi_{ND1} = \pi_{ND2} = \frac{\bar{u}^2 (1 - l_1 - l_2)^2}{2(2+\beta)^2} \qquad \text{(公式 4-28)}$$

两家下游企业都购买了专利 i 而未购买另一项专利许可时的利润为

$$\pi'_{ND1} = \pi'_{ND2} = \frac{\alpha^2 \bar{u}^2 (1 - l_i)^2}{2(2+\beta)^2},\ i \in \{1,2\} \qquad \text{(公式 4-29)}$$

当企业 D1 同时购买了两项专利而企业 D2 仅购买专利 i 的许可时，其利润分别为

$$\left.\begin{aligned} \pi''_{ND1} &= \frac{\bar{u}^2 [2(1 - l_1 - l_2) - \beta\alpha(1 - l_i)]^2}{2(4-\beta^2)^2} \\ \pi''_{ND2} &= \frac{\bar{u}^2 [2\alpha(1 - l_i) - \beta(1 - l_1 - l_2)]^2}{2(4-\beta^2)^2} \end{aligned}\right\},\ i \in \{1,2\}$$

（公式 4-30）

竞争边际约束要求 l_i 取值须满足 $\pi''_{ND1} \geqslant \pi'_{ND1}$ 及 $\pi_{ND2} \geqslant \pi''_{ND2}$ 约束条件下的最大取值。上述约束条件可化简为 $(1 - l_1 - l_2) \geqslant \alpha(1 - l_1)$，$(1 - l_2 - l_1) \geqslant \alpha(1 - l_2)$。由此可解得竞争边际约束下最优许可价格 $l''_1 = l''_2 = \dfrac{1-\alpha}{2-\alpha}$。

$l'_i > l''_i$ 为竞争边际约束情况，此时均衡价格不会受需求边际的约束，专利权人会将价格确定在 l''_i 的水平上。一方面，如专利权人在 l''_i 的基础上提高许可价格（例如达到 l'_i 的水平），则下游厂商将不会购买而使其丧失全部销售量；另一方面，根据专利权人的利润函数，如他们在已足够低的 l''_i 的基础上进一步降低价格，仅会使对手获利并使自身遭到损失。相反，$l'_i < l''_i$ 为需求边际约束情况，此时均衡价格不会受竞争边际的约束，专利权人会将价格确定在 l'_i 的水平上。这是由于 l'_i 是由各博弈方在阶段 1 的最优反应形成的，在无其他条件约束的情况下，任何博弈方都无动机背离它。由此可得到两家上游企业在阶段 1 的最优许可价格为

$$l_i^* = \min\{l'_i, l''_i\} = \min\left\{\frac{1}{3}, \frac{1-\alpha}{2-\alpha}\right\},\ i \in \{1,2\} \qquad \text{(公式 4-31)}$$

根据公式 4-31，如果 $\alpha \leqslant \dfrac{1}{2}$，即专利的互补程度足够高，则许可定价受竞争边际约束，$l_i^* = \dfrac{1}{3}$。将其代回公式 4-26，可得到下游两家企业在阶段 1

的产量 $q_{N1}^* = q_{N2}^* = \frac{\bar{u}^2}{6(2+\beta)}$。如果 $\alpha > \frac{1}{2}$，即专利的替代程度足够高，则许可定价受到竞争边际约束，$l_i^* = \frac{1-\alpha}{2-\alpha}$。将其代回公式 4－26，可得到两家企业阶段 1 的产量 $q_{N1}^* = q_{N2}^* = \frac{\bar{u}^2\alpha}{2(2+\beta)(2-\alpha)}$。

上述均衡是在两家下游企业同时购买上游两项专利许可的前提下求得的，应对此前提进行验证。首先，如果一家下游企业不购买任何专利许可，那么其产品质量将为 0，也就是说它将退出下游市场，利润将为 0。而由公式 4－28、公式 4－29、公式 4－30 可知，π_{NDi}，π'_{NDi}，$\pi''_{NDi} > 0$，即进入市场总会获利，因此均衡不会在一家下游企业不购买任何许可的情况下出现。其次，均衡不可能在两家下游企业同时决定使用某一项而不使用另一项专利时出现，因为此情况下，在阶段 1 不被使用的专利必然降低许可价格直至有正的销售量。再次，均衡不会在两家下游企业仅分别使用一项不同专利的情况下出现，因为在此情况下两项专利的许可价格必然相等，而只要任何一项专利稍微降低许可价格就会获得两倍的销售量，因此价格竞争将打破此种情况。最后，由公式 4－28、公式 4－29、公式 4－30 及专利许可价格产生机制可知，均衡不会在下游企业中一家仅购买一项，另一家购买两项专利许可的情况下出现，因为许可定价机制已保证了仅购买一项专利许可的下游厂商，再购买另一项的边际收益不小于 0。综合上述四个方面的分析可得出，均衡仅会在两家下游企业同时购买两项上游专利许可的前提下出现。

4.2.2.2　有联盟情况的子博弈完美纳什均衡

在阶段 0 形成联盟的前提下，根据下游厂商的对称性，子博弈达到均衡时两家下游企业必然同时购买联盟的打包许可。此时下游两家企业的利润函数可被定义为

$$\pi_{PDi} = \left[1 - \frac{2(q_i + \beta q_j)}{\bar{u}^2} - l_p\right]q_i,\ i,j \in \{1,2\},\ i \neq j$$

（公式 4－32）

那么，两家企业在阶段 2 求解最优产量可表述为最大化问题 $\underset{\{q_{Ni}\}}{Max}\,\pi_{NDi}$。据此解得两家下游企业在阶段 2 的最优产量为

$$q_{P1}^{*} = q_{P2}^{*} = \frac{\bar{u}^{2}(1 - l_{p})}{2(2 + \beta)} \qquad \text{（公式 4 - 33）}$$

直观上，因为上游不存在竞争者，联盟打包许可的价格不受竞争边际约束。只要 $l_p < 1$，即下游尚有利润空间，打包许可一定会被下游两家厂商购买。因此联盟在合理范围内不考虑丧失全部需求的情况，其利润函数可被定义为

$$\pi_{P} = l_{p}\sum_{j=1}^{2} q_{j} = \frac{\bar{u}^{2} l_{p}(1 - l_{p})}{(2 + \beta)} \qquad \text{（公式 4 - 34）}$$

根据最大化问题 $\underset{\{l_p\}}{Max}\ \pi_P$，解得联盟在阶段 1 的最优许可价格 $l_p = \frac{1}{2}$。将其代回公式 4 - 33 可解得两家下游企业在阶段 2 的最优产量 $q_{P1}^{*} = q_{P2}^{*} = \frac{\bar{u}^{2}}{4(2 + \beta)}$。

将 l'_i 代回公式 4 - 27，得到在无联盟且专利许可定价受需求边际约束情况下，两家上游厂商的利润 $\pi'_{NUi} = \frac{\bar{u}^{2}}{9(2 + \beta)}$。将 l''_i 代回公式 4 - 27，得到无联盟且专利许可定价受竞争边际约束情况下，两家上游厂商的利润 $\pi''_{NUi} = \frac{\bar{u}^{2}\alpha(1 - \alpha)}{(2 + \beta)(2 - \alpha)^{2}}$。将 l_p 代回公式 4 - 34，得到有联盟情况下联盟总利润 $\pi_P = \frac{\bar{u}^{2}}{4(2 + \beta)}$，此时每家上游企业的利润 $\pi_{PUi} = \frac{\bar{u}^{2}}{8(2 + \beta)}$。显然 $\pi_{PUi} > \pi'_{NUi}$ 且 $\pi_{PUi} \geqslant \pi''_{NUi}$，因此上游两家企业在阶段 0 总有动机加入专利联盟。由此，模型的子博弈完美纳什均衡为：阶段 0，上游两家企业加入专利联盟；阶段 1，联盟制定打包许可价格 $l_p = \frac{1}{2}$，下游企业都会购买许可；阶段 3，企业 D1、D2 在下游的产量 $q_{P1}^{*} = q_{P2}^{*} = \frac{\bar{u}^{2}}{4(2 + \beta)}$。

4.2.3 福利分析

依据社会福利水平，即全部企业利润与消费者剩余之和评价专利联盟对静态市场效率的影响。将 l'_i 及与之相对的 q_{Ni}^{*} 代回公式 4 - 24、公式 4 - 25，得到

无联盟且需求边际约束的情况下，消费者剩余 $CS'_N = \frac{\bar{u}^2(1+\beta)}{18(2+\beta)^2}$，两家下游厂商利润为 $\pi'_{NDi} = \frac{\bar{u}^2}{18(2+\beta)^2}$。又已知此时两家上游厂商利润为 $\pi'_{NUi} = \frac{\bar{u}^2}{9(2+\beta)}$，由此得到此情况下社会福利水平为

$$SW'_N = \sum_{i=1}^{2}\pi'_{NUi} + \sum_{j=1}^{2}\pi'_{NDj} + CS'_N = \frac{\bar{u}^2(11+5\beta)}{18(2+\beta)^2}$$

（公式 4－35）

将 l''_i 以及与之相对应的 q^*_{Ni} 代回公式 4－24、公式 4－25，得到无联盟且竞争边际约束的情况下，消费者剩余 $CS''_N = \frac{\bar{u}^2\alpha^2(1+\beta)}{2(2+\beta)^2(2-\alpha)^2}$，且两家下游厂商利润同为 $\pi''_{NDi} = \frac{\bar{u}^2\alpha^2}{2(2+\beta)^2(2-\alpha)^2}$。又已知此时两家上游厂商利润为 $\pi''_{NUi} = \frac{\bar{u}^2\alpha(1-\alpha)}{(2+\beta)(2-\alpha)^2}$，由此得到此情况下社会福利水平为

$$SW''_N = \sum_{i=1}^{2}\pi''_{NUi} + \sum_{j=1}^{2}\pi''_{NDj} + CS''_N = \frac{\bar{u}^2\alpha[4(1-\alpha)(2+\beta)+\alpha(3+\beta)]}{2(2+\beta)^2(2-\alpha)^2}$$

（公式 4－36）

将 l_p 及与之相对的 q^*_{Pi} 代回公式 4－24、公式 4－32，得到由联盟情况消费者剩余 $CS_P = \frac{(1+\beta)\bar{u}^2}{8(2+\beta)^2}$，两家下游厂商利润为 $\pi_{PDi} = \frac{\bar{u}^2}{8(2+\beta)^2}$。又已知此时两家上游厂商利润为 $\pi_{PUi} = \frac{\bar{u}^2}{8(2+\beta)}$，由此得到此情况下社会福利水平为

$$SW_P = \sum_{i=1}^{2}\pi_{PUi} + \sum_{j=1}^{2}\pi_{PDj} + CS_P = \frac{(7+3\beta)\bar{u}^2}{8(2+\beta)^2} \quad （公式 4－37）$$

联盟对专利总许可价格的影响及社会福利的影响分别如图 4－2、图 4－3 所示。X 轴上的 [0,1] 连续区间代表专利间替代（互补）程度 α，Y 轴分别为专利总许可价格及社会福利水平。如图 4－2 所示，如果专利互补性高达一定程度即 $\alpha \in (0, \frac{1}{2}]$ 为需求边际约束情况，此时联盟将降低总许可价格（$l_p < \sum_{i=1}^{2} l_i$）并提高社会福利（$SW_P > SW_N$）。如果联盟替代性高达一定程度

即 $\alpha \in (\frac{1}{2},1]$，为竞争边际约束情况，$\alpha \in (\frac{1}{2},\frac{2}{3}]$ 时联盟仍将降低总许可价

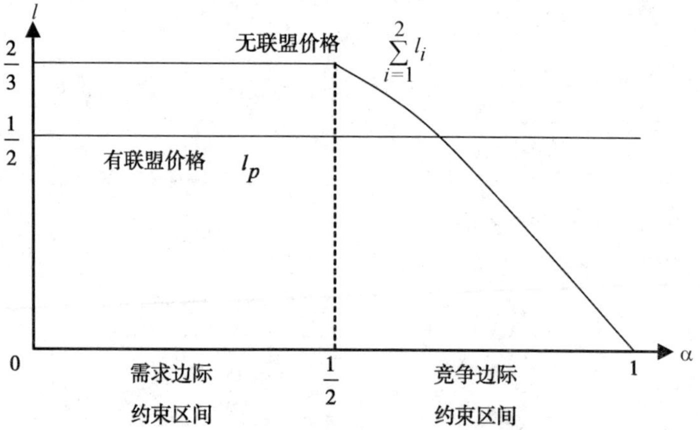

图 4-2　联盟对专利总许可价格的影响

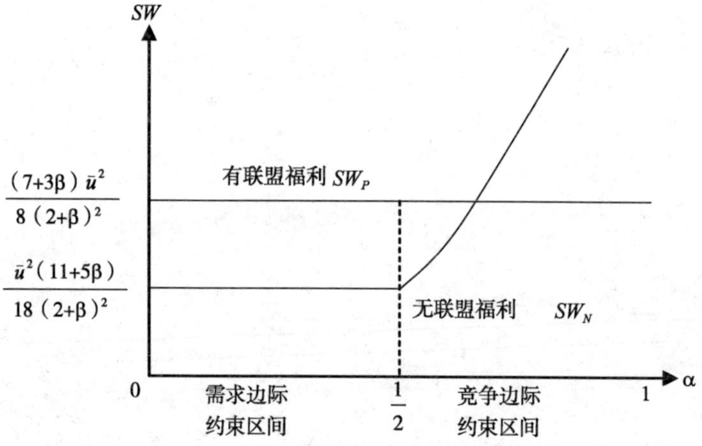

图 4-3　联盟对社会福利水平的影响

格（$l_p \leqslant \sum_{i=1}^{2} l_i$）并提高社会福利（$SW_P \geqslant SW_N$），但 $\alpha \in (\frac{2}{3},1]$ 时，联盟将提高总许可价格（$l_p > \sum_{i=1}^{2} l_i$），降低社会福利（$SW_P < SW_N$）。由此可得出，如果专利更具替代（互补）性，那么更可能出现竞争（需求）边际约束

的情况，联盟的存在更倾向提高（降低）总许可价格并降低（提高）社会福利水平。与上游专利间关系类似，下游产品间的替代（互补）关系也会显著影响社会福利水平。根据公式 4－34、公式 4－36、公式 4－36 中社会福利水平对 β 求导可得

$$\frac{dSW'_N}{d\beta} = -\frac{\bar{u}^2}{9(2+\beta)^2}\left[\frac{5}{2} + \frac{1}{(2+\beta)}\right] < 0$$

$$\frac{dSW''_N}{d\beta} = -\frac{\bar{u}^2\alpha}{2(2-\alpha)^2(2+\beta)^2}\left[(4-3\alpha) + \frac{2a}{(2+\beta)}\right] < 0$$

$$\frac{dSW_P}{d\beta} = -\frac{\bar{u}^2}{4(2+\beta)^2}\left[\frac{3}{2} + \frac{1}{(2+\beta)}\right] < 0$$

（公式 4－38）

即下游产品替代程度提高总会使社会福利降低，而产品互补程度提高则会使社会福利提高。一方面，这说明较之相似产品的激烈竞争，围绕一项技术开发多样化的产品和用途对社会福利提高有更加积极的作用。而且如果下游企业能够有意或无意的相互配合生产更具替代性的产品，即使用户使用某一种产品会提高使用另一种产品的潜在效用，能够更大幅度的提高福利水平。另一方面，我们可以从该结果中明显的分辨专利关系与产品关系的区别。无联盟情况下，专利替代（互补）程度提高可能提高（降低）福利水平，而产品替代（互补）程度对福利水平的影响则正相反。

4.2.4　模型的扩展分析

4.2.4.1　联盟形成

本书模型子博弈完美纳什均衡表明，联盟总会提高专利权人利润，因此也一定会形成。但 Aoki 和 Nagaoka（2004，2005，2006）认为，只有当专利数量较小时，联盟才会形成，而当专利数量很大时，联盟在专利权人自发序贯谈判的非合作框架下是无法形成的，即便联盟会提高专利权人的整体利润和社会福利水平[28－30]。他们同时指出，联盟无法形成的关键原因是专利权人有动机通过在外部阻碍联盟，获取不完整联盟所产生的正的外部性，即“搭便车”的动机。

一方面，根据该研究结论的逆命题，则当“搭便车”无法实现时，专利

权人总有动机加入联盟，联盟形成的可能性会增大。进一步从合作博弈的角度来看，只要排除专利权人“搭便车”的动机，即存在形成联盟情况下的收益成为无法被无联盟均衡所“超优”的“核”，也就存在唯一的夏普利值，支持多人专利联盟形成。那么，将“当且仅当全部相关专利权人加入时联盟才形成”的博弈规则具体到专利联盟政策中，能够排除不完整联盟形成的可能，有效消除专利权人“搭便车”的动机，因此能够保证相关专利数量很大时联盟也会形成。

另一方面，如果有其他促使专利权人加入联盟的因素超过“搭便车”的动机，专利权人则会按照“两利相权取其重”的原则加入联盟，使联盟形成的可能性提高。有学者认为，制定相关政策，使现实或潜在专利权人在自身联盟成员资格确定之前，做出“当其专利对既定标准是基本的，则授权专利联盟按公平、合理、非歧视的原则打包许可该专利”这一有约束力的承诺，专利联盟形成的可能性将大大提高[11]。专利权人之所以可能做出该承诺，是由于担心自身专利被排除在技术标准之外，从而使许可量受损。而且该损失在研发竞争较激烈时，将大大超过“搭便车”的产生的预期收益。

4.2.4.2 联盟对创新的影响

子博弈均衡的比较表明，$\pi_{PUi} > \pi'_{NUi}$ 且 $\pi_{PUi} \geqslant \pi''_{NUi}$，即两家上游企业在有联盟情况下获得的利润不会小于无联盟的情况。从专利出现前的事前（ex ante）视角看，对专利联盟形成的预期也就意味着取得专利后能够得到的许可利润的提高。由此在研发阶段，如果专利权人预期加入一个专利联盟，那么它将投入更多的研发费用。因此专利联盟是鼓励创新的。这一结论与 Denicolo（2002）两阶段研发博弈模型[21]的结果基本一致。他指出，即便两阶段创新的结果是替代而非互补或阻碍的关系，专利权人对结成一个不违法的竞争者之间联盟的预期，也会使第二阶段创新投资增加。

须指出的是，创新投资的增加并不等同于动态社会福利的提高。许多产业组织理论文献都强调，过多或过少的创新投入都会造成社会福利的损失。因此事前专利联盟对动态社会福利的影响非常模糊，学者们也未就此达成基本一致。本书模型是遵循事后（ex post）静态市场效率框架建立的，而据此得出的降低社会福利水平的联盟，从事前动态的视角考察可能因鼓励创新而成为提高福利水平的，反之亦然。

即便如此，我们仍可以在专利联盟对动态福利的模糊影响中提炼出有价值的信息——在创新投入显著不足的行业或产业中组织事前专利联盟，提高福利水平的作用是基本确定的。尤其在诸如电子信息和生物制药等发展前景广阔且技术尚待完善的高新技术产业中，组建专利联盟对福利水平提高的作用一般很显著。

4.2.4.3　许可费形式

实践中的技术许可合同一般有两种收费方式，一是收取一次性固定费用，二是按产品产量收取线性许可费。Kim（2004）指出，专利联盟一般采用的是线性收费方式，固定收费方式并不常见，即便一些联盟会收取“入门费”，数额也相对很小[13]。但可证明，从社会福利及专利权人角度看，线性收费方式并非最优。

根据原模型的子博弈完美纳什均衡，设定专利联盟已形成，它对每家被许可厂商收取固定许可费 X 。此时许可费不提高下游产品的边际生产成本。只要收费可以保证下游厂商仍有动机生产，那么两家下游厂商的最优产量 $\tilde{q}_i = \frac{\bar{u}^2}{2(2+\beta)}, i \in \{1,2\}$ ，此时社会福利水平 $\widetilde{SW} = \frac{(3+\beta)\bar{u}^2}{2\,(2+\beta)^2}$ 。而联盟会设置许可费 $X = \frac{1}{2\,(2+\beta)^2}$ 来吸收全部利润，这仅会使利润由下游向上游转移，而不会影响消费者剩余和社会福利水平。那么显然有 $\widetilde{SW} > SW_P$ ，且有 $\tilde{\pi}_{Ui} = X > \pi_{PUi}$ 。因此无论对社会福利还是专利权人来说，固定许可收费都是更优的选择。

现代专利联盟多采用线性方式收费，一方面，由于很长的专利的保护期(发明专利保护期一般在 20 年以上）内技术发展趋势及市场需求变动往往充满不确定性，通过调整许可费率可以适应市场的变化，动态优化利润。如果采用固定收费方式许可，则很可能出现定价相对实际或被许可人的预期而言过高的情况，或者由于定价过低而产生过大机会成本。另一方面，采用固定收费方式许可还会更多涉及与被许可者的讨价还价，一定程度上使专利权人丧失先动优势及对下游的控制。对此问题，可以要求专利联盟收费采用可调整的“会员年费”形式。该形式是一种折中的方案，即可使许可费与产品产量独立，削弱专利权人对下游市场的控制，提高社会福利水平，又可以保障专利权人的长期利益，鼓励创新，并同时保证专利权人加入联盟是有利可图的。

4.2.4.4 下游厂商联合与纵向一体化

专利联盟的本质是上游专利权人的联合，而下游厂商的联合也会对社会福利产生影响。如果两家下游厂商联合，其收益函数为

$$\hat{\pi}_D = (1 - l_p)(q_1 + q_2) - \frac{2(q_1^2 + 2\beta q_2 q_1 + q_2^2)}{\bar{u}^2} \quad (公式4-39)$$

该联合企业在阶段2求解最优产量可表述为最大化问题 $\underset{\{q_1,q_2\}}{Max}\ \hat{\pi}_D$。据此解得两种下游产品在阶段2的最优产量 $\hat{q}_1 = \hat{q}_2 = \frac{\bar{u}^2(1 - l_p)}{4(1 + \beta)}$。与非联合情况下的产量 $q_{P1}^* = q_{P2}^* = \frac{\bar{u}^2(1 - l_p)}{2(2 + \beta)}$ 相比，当下游产品互补（$\beta < 0$）时有 $\hat{q}_i > q_{Pi}^*$，即联合增加了产量，并会降低价格，提高社会福利。当下游产品互补（$\beta > 0$）时有 $\hat{q}_i < q_{Pi}^*$，即联合降低了产量，并会提高价格，降低社会福利。

如果两家上游企业U1、U2分别与两家下游企业D1与D2合并，形成两家新的纵向一体化企业V1与V2。显然在此情况下，由Filippini（2005）的模型[94]，如果两种下游产品是互补或独立的，即 $\beta \leqslant 0$，则两家纵向一体化企业会通过免费交叉许可向对方提供专利，此时产品产量 $q_1 = q_2 = \frac{\bar{u}^2}{2(2 + \beta)}$。如果两种下游产品是替代的，那么即 $\beta > 0$，则两家纵向一体化企业将通过向对方收取线性许可费来限制竞争，使产品产量达到垄断的水平，此时产品产量 $\breve{q}_1 = \breve{q}_2 = \frac{\bar{u}^2}{4(1 + \beta)}$。与原模型子博弈完美纳什均衡产量 $q_{P1}^* = q_{P2}^* = \frac{\bar{u}^2}{4(2 + \beta)}$ 相比，总有 $q_i, \breve{q}_i > q_{Pi}^*$，因此纵向一体化企业总是提高产品产量及社会福利的。

上述结论表明，除专利联盟之外，如果下游联合与纵向一体化等能有效结合互补资源的合作也能够提高社会福利，应该加以鼓励。但鼓励这种合作的同时，也应注意防止竞争者间合谋限制竞争的行为。此外，与被许可人产量相关的许可费形式总会产生市场控制，造成社会福利损失。因此，应该加强对此类许可收费形式的反垄断审查。

4.3　本章结论

本章 4.1 节分析了专利联盟定价权分配对社会福利的影响。研究结果表明：①联盟的定价权分配不颠覆互补专利联盟提高社会福利的性质；②将联盟定价权分配给纵向一体化企业，能够进一步提高社会福利；③将联盟定价权分配给专业研发企业，能够激励其加入，促进联盟的形成；④有效率的专利联盟定价权分配规则为，联盟不稳定情况下由 U 企业掌握定价权，联盟稳定情况下由 V 企业掌握定价权。这样可以保证联盟最大程度的提高社会福利。

上述结论有一定局限性。①为使解析解结果易于比照，模型假设市场需求是线性的，有待于向非线性的普遍情况扩展。②假设当且仅当所有潜在成员都选择加入时专利联盟才会成立，排除了潜在成员“拒不加入且阻碍联盟的动机”，未考虑存在不完整联盟的情况。③没有将联盟定价权与收益分配两方面联盟规则结合起来考虑。联盟的定价权与收益分配规则紧密关联，且有许多相关或相似的影响，虽然本书与以往联盟收益分配研究是互补的，但着重分析联盟定价权分配，并未综合考察定价权分配与收益分配的交互影响。这些局限性将在以后的工作中进一步研究。

本章 4.2 节分析了不同专利和产品关系下专利联盟对纵向市场效率的影响。研究结果表明：①当且仅当上游专利的互补程度足够高时，联盟才是提高福利水平的，但联盟总是会提高专利权人的利润；②联盟形成需要排除专利权人“搭便车”的动机；③专利联盟的存在总会鼓励创新投资；④一次性固定费用等与下游产量无关的许可费形式，可进一步提高社会福利；⑤竞争产品生产商的联合降低社会福利，而互补产品生产商的联合提高社会福利，上游专利权人与下游生产商联合成纵向一体化企业总是提高社会福利的。

上述结论有一定局限性。①本章中的博弈模型是以完全信息为前提的，但现实中专利权人一般无法获得下游市场的完全信息，因此在后续的研究中可以把模型拓展到不完全信息情况。②为使均衡结果易于分析，本章的研究对上下游市场做出了较严格的限制，尤其是上下游都是双寡头情况的假设与现实差距较大，因此结果有待于向多厂商的普遍情况推广。

第5章　专利联盟的创新效应

1986年，罗默在其《收益增长和长期增长》中，提出了一个与收益递减的传统模型不同的收益递增的增长模型，其结论认为创新是经济增长的原动力[97]。创新和产业组织的关系问题一直是理论界研究的核心问题。熊彼特最早开始探讨这个问题，他认为垄断相对于竞争更有利于技术创新[98]。之后，Arrow（2002）指出竞争市场比垄断市场更能诱导企业进行创新[99]。而Demsetz（1969）发展了熊彼特的观点，认为创新者将从垄断企业那里获得更多的回报，那么垄断条件下的创新激励将大于竞争条件下的创新激励[100]。Kamien和Nancy（1970—1982年）认为，在完全竞争市场条件下，企业规模一般较小，缺乏保障技术创新的持久收益的垄断力量，因此不利于技术创新；在完全垄断市场条件下由于缺乏竞争对手的威胁，难以激发企业技术创新的活力。因此，介于上述两者之间的市场结构最适于企业进行技术创新[101-108]。

专利联盟作为一种特殊的产业组织，其创新效应也已引起了广泛关注。本章将通过考察专利联盟对企业研发投资的影响，来讨论其创新效应。以下分别从两个不同的角度对专利联盟创新效应问题进行研究：其一，以序贯专利竞赛（第一项专利产生后第二项专利的研发才能开始）为背景，在比较有、无联盟两种情况下专利竞赛模型均衡的基础上，得出联盟对各阶段研发强度的影响，以及联盟提高长期社会福利的充要条件。其二，以累进创新（先产生的专利会阻碍其后产生的专利）为背景，在比较有、无联盟两种情况模型马尔可夫完美均衡模式的基础上，得出联盟对企业各阶段均衡研发投资的影响，并进一步分析了许可费率及联盟规模两方面规则的影响。

5.1　专利联盟的序贯创新效应

以往专利联盟创新效应的研究，模型抽象的专利关系普遍较单一，仅包括互补、阻碍和竞争等最基本的形式。与之相比，专利联盟静态市场效率研究的模型中，抽象了现实当中更多样的专利关系。将更丰富的专利关系引入动态创新模型中，必将得到更具实用性和启发性的结果。因此，本节将 Lerner 和 Tirole（2004）的“替代—互补”程度专利关系框架[8]，引入 Denicolo（2002）[21]的两阶段序贯专利竞赛模型中，并将产品质量累进提高的专利关系基本原理，应用到微观经济学的一般效用函数及需求函数中，据此讨论了专利联盟对各阶段研发强度及长期社会福利的影响。

5.1.1　模型构建

设某行业中的企业展开两次自由参与的序贯专利竞赛，两次竞赛中风险中性的参与人的决策变量为研发强度。赢得每一次竞赛的参与人都将获得一项长期有效的专利，专利权人可通过单位许可费的方式，零成本向下游生产商许可专利。专利权人决策变量为单位许可费率，并可根据情况变化随时调整。本章主要研究上游市场活动，由此假设下游产品市场是完全竞争的，这等同于专利权人直接对最终用户许可其专利（Quint，2009）[15]。

5.1.1.1　专利竞赛

在单次专利竞赛中，设一项创新给专利权人带来的利润流为 π ，且利率为 r ，那么长期有效的专利的价值（也就是赢得专利竞赛的回报）为 $V = \pi/r$ 。创新产生的时间是所有参与人研发投资总额的概率函数。专利竞赛结果是胜者全得，而失败的竞赛参与者将完全损失研发投资。在竞赛开始时，各参与人 i 同时决定研发强度 x_i ，并支付研发总成本 αx_i ，其中 α 为研发强度的固定边际成本。参与人 i 成功完成研发获得专利的时间期望，由斜率为 x_i 的泊松过程决定。由于不同参与人研发项目间是相互独立的，因此竞赛结束的瞬时概率为各参与人成功概率之和。由此参与人 i 的支付函数，也就是其期望利润现值为

$$\int_0^{\infty}[e^{-(X+r)t}x_iV]dt - \alpha x_i = x_iV/(X+r) - \alpha x_i \qquad (公式5-1)$$

公式中 $X = \sum_i x_i$ 可视为某参与人研发成功的瞬时概率，由此 e^{-Xt} 即为在时点 t 以前尚没有参与人研发成功的累积概率。专利竞赛的自由参与意味着完全竞争，零利润条件决定所有参与人在竞赛中总的研发强度为

$$X^* = \max\{V/\alpha - r, 0\} \qquad (公式5-2)$$

在此完全竞争的产业均衡研发总强度 X^* 下，将存在数量非常庞大的参与人，每一人的研发强度都非常小（Denicolo，2000）[20]。

进一步将单次专利竞赛模型扩展到两次序贯的竞赛，第一次竞赛结束时点为第二次竞赛开始时点。设每次竞赛都是自由参与的，第一次竞赛时所有参与者都是对称的，第二次竞赛由第一阶段专利权人的参与转化为非对称博弈。第 j 次专利竞赛中的固定研发边际成本为 $\alpha_j(j = 1,2)$，该参数也表示了创新 j 的实现难度。

5.1.1.2　专利关系

上述专利所包含创新的作用在于，创造（或提高）一种产品质量。设函数 $S(k)$ 为最终用户得到 k 项专利许可后产品的质量，它是专利数 k 的单调增函数。该函数体现了两项预期出现的专利的作用是对称的，也就是说产品质量仅取决于得到专利许可的数量，而与具体哪一项专利是无关的。在第一项专利产生之前产品尚未出现，此时产品质量 $S(0) = 0$。当第一次专利竞赛结束，产品质量被创造出来，采用该专利后产品质量为 $S(1) = \underline{u}$。当第二次专利竞赛结束，两项专利都已出现，同时采用这两项专利后产品质量为 $S(2) = \bar{u}$。

设参数 $\beta = \underline{u}/\bar{u}$，也就是使用任意一项专利与使用全部专利相比产品质量提高的比例，取值在区间 $[0,1]$ 之间。β 表示两专利的替代（互补）程度：当 $\beta = 0$ 时有 $\underline{u} = 0$，即任何一项专利都无法单独发挥作用，两专利是完全互补的；当 $\beta = 1$ 时有 $\underline{u} = \bar{u}$，即使用任何一项专利都可产生与使用两项专利同样的作用，两专利是完全替代的；随着 β 增大，一项专利能够单独产生的作用会增大，两专利替代程度提高，而互补程度下降。

5.1.1.3　市场需求

设最终消费者消费一单位产品所得到的净效用为

$$U = \theta S(k) - P \qquad \text{（公式 5-3）}$$

其中，θ 为消费者对该产品的偏好参数，在区间 $[0,a]$ 上均匀分布；$S(k)$ 为使用 k 项专利时产品的质量水平；$P = \sum_{i=1}^{k} p_i$ 为各专利权人设置的 k 项专利的单位许可价格之和。在临界点 $\hat{\theta} = P/S(k)$ 上，消费者购买产品净效用为 0，即 $\theta < \hat{\theta}$ 时消费者将选择不购买，由此可得该产品的市场需求为

$$Q = a - P/S(k) \qquad \text{（公式 5-4）}$$

进一步可得到静态消费者剩余函数为

$$CS = \int_{\hat{\theta}}^{a} [\theta S(k) - P] d\theta = S(k)Q^2/2 \qquad \text{（公式 5-5）}$$

进一步假设，$\{\bar{u}, a\} \gg \{\alpha_i, r\}$，即相对于各阶段研发边际成本 α_1 和 α_2，市场容量 a 和同时使用两项专利时产品质量 $\bar{u}$ 足够高，且利率 r 足够小，以保证各参与人在两次专利竞赛的研发投入恒大于零（Denicolo，2000）[20]。第一次专利竞赛的获胜者，也就是专利权人 1，与外部参与人一同进入第二次专利竞赛。如果专利权人 1 赢得第二次竞赛，那么它将成为市场垄断者；而如果是其他参与人赢得第二次竞赛，那么它将成为专利权人 2，市场上存在两个寡头。下文将分别从不允许与允许寡头组成专利联盟两种情况出发，求解模型的均衡。并据此讨论专利联盟存在对均衡研发投资和社会福利的影响。

5.1.2　模型均衡

逆向递归求解模型完美子博弈均衡。如果第二次竞赛结束后市场上存在 1、2 两名专利权人，且不允许它们组成联盟，根据两专利对称性及价格竞争原理可推断，市场均衡特征为，两专利权人制定相等的许可价格，消费者会选择同时购买两个专利许可或不购买任何一个，而不会出现仅购买一个的情况（Lerner 和 Tirole，2004）。两专利权人在确定许可价格时，将同时面临“竞争边际”和“需求边际”两方面约束。一方面，当某专利权人试图通过提高其许可价格来增加收益，会担心其专利不被消费者采用，致使它的利润为 0，即竞争边际约束；另一方面，专利权人试图提高许可价格时会担心，即便消费者购买其许可，也会因整体价格的提高而减少消费量，导致其利润降低，即需求边际约束。

两专利权人基于竞争边际制定许可价格时，将把价格确定在如果进一步提高则会丧失对其许可的全部需求的程度。也就是说以需求最强的消费者（$\theta = a$）为参照，专利权人将把许可价格 p'_i 设置在这样的水平上——在该消费者已购买一项专利许可的前提下，再购买另一项专利许可边际效用为0。根据公式5－3及专利对称性，该消费者同时购买两项专利许可的效用为 $U(2) = a\bar{u} - 2p_i$，而仅购买某一专利许可的效用为 $U(1) = a\underline{u} - p_i$，则购买第二项专利的边际效用为

$$\Delta U = U(2) - U(1) = a(\bar{u} - \underline{u}) - p_i = a\bar{u}(1 - \beta) - p_i,\ i \in \{1,2\}$$

（公式5－6）

由条件 $\Delta U = 0$ 得到 $p_i = a\bar{u}(1 - \beta)$。此外，该消费者能接受的两项专利整体最大许可价格为 $P = a\bar{u}$，等同于购买两项专利许可获得的全部效用，此时 $p_i = a\bar{u}/2$。由此，竞争边际约束下专利权人最优许可价格 $p'_1 = p'_2 = \min\{a\bar{u}/2,\ a\bar{u}(1 - \beta)\}$。

两专利权人基于需求边际制定许可价格情况下，假设两项专利许可同时被消费者购买，即不考虑丧失全部许可需求的情况。由此两专利权人的利润函数可被定义为

$$\pi_i^N = Qp_i = ap_i - p_i(p_i + p_j)/\bar{u},\ i,j \in \{1,2\},\ i \neq j \quad \text{（公式5－7）}$$

由最大化问题 $\underset{\{p_i\}}{Max}\pi_i^N$ 解得，需求边际约束下两专利权人最优许可价格 $p''_1 = p''_2 = a\bar{u}/3$。

$p'_i < p''_i$ 为竞争边际约束情况，此时均衡价格不受需求边际的约束，专利权人会将价格确定在 p'_i 的水平上。一方面，如专利权人 i 在 p'_i 的基础上提高许可价格，则消费者将不会购买，导致其利润为0；另一方面，根据专利权人的利润函数可知，如他们在已足够低的 p'_i 基础上进一步降低价格，仅会使对手获利并使自身遭到损失。相反 $p'_i > p''_i$ 为需求边际约束情况，此时均衡价格不会受竞争边际的约束，专利权人会将价格确定在 p''_i 的水平上。这是由于 p''_i 是由两专利权人的最优反应形成的，在无其他条件约束的情况下，任何专利权人都无动机背离它。由此可得到两家专利权人的最优许可价格为

$$p_i^{N*} = \min\{p'_i, p''_i\} = \begin{cases} \alpha\bar{u}(1 - \beta) & \text{如果 } \beta > 2/3 \\ \alpha\bar{u}/3 & \text{如果 } \beta \leqslant 2/3 \end{cases},\qquad i \in \{1,2\}$$

（公式5－8）

如公式 5－8 所示，当 $\beta > 2/3$，即两专利替代程度足够高，则许可定价受竞争边际约束，$p_i^{N*} = a\bar{u}(1-\beta)$。将该价格代入公式 5－4、公式 5－7 可得，此时市场需求量 $Q^N = a(2\beta - 1)$，各专利权人利润 $\pi_i^N = a^2\bar{u}(1-\beta)(2\beta-1)$。当 $\beta \leqslant 2/3$，即两专利互补程度足够高，则许可定价受需求边际约束，$p_i^{N*} = a\bar{u}/3$。将该价格代入公式 5－4、公式 5－7 可得，此时市场需求量 $Q^N = a/3$，各专利权人利润 $\pi_i^N = a^2\bar{u}/9$。

对该市场均衡稳定性进行验证。设 $\Delta > 0$。设 $\beta > 2/3$ 时，专利权人 j 定价 $\alpha\bar{u}(1-\beta)$，如专利权人 i 定价在 $\alpha\bar{u}(1-\beta) + \Delta$ 的水平上，则其许可将失去所有需求量，其利润将为 0，因此没有专利权人有动机提高许可价格；如果专利权人 i 定价在 $\alpha\bar{u}(1-\beta) - \Delta$ 水平上，其利润 $\hat{\pi}_i^N = \pi_i^N - a\Delta(3\beta-2) - \Delta^2/\bar{u} < \pi_i^N$，因此没有专利权人有动机降低许可价格。当 $\beta \leqslant 2/3$ 时，专利权人 j 定价 $\alpha\bar{u}/3$，如果专利权人 i 定价在 $\alpha\bar{u}/3 \pm \Delta$ 的水平上，其利润 $\hat{\pi}_i^N = \pi_i^N - \Delta^2/\bar{u} < \pi_i^N$，因此没有专利权人有动机提高或降低许可价格。由上述两方面分析可知该市场均衡是稳定的。

如第二次竞赛结束后，1、2 两名专利权人组成了专利联盟，由联盟为两项专利设置打包许可价格，实现两名成员整体利润最大化。此时联盟利润函数为

$$\pi^P = QP^P = aP^P - (P^P)^2/\bar{u} \qquad （公式 5－9）$$

由最大化问题 $\underset{\{P\}}{Max}\pi^P$，解得联盟最优打包许可价格 $P^{P*} = a\bar{u}/2$，联盟利润 $\pi^P = a^2\bar{u}/4$。联盟在其成员间平分收益，两专利权人的利润各为 $\pi_i^P = a^2\bar{u}/8$。将 P^{P*} 代入公式 5－4 得到此时市场需求量 $Q^P = a/2$。显然，不受 β 取值影响，$\pi_i^P \geqslant \pi_i^N$ 恒成立，即有联盟情况下两专利权人利润不会小于无联盟情况。这是因为联盟在两专利替代性较高时可解决多重加价问题，而在专利互补性较高时可抑制价格竞争。因此不受外界约束的条件下，两专利权人总有动机组成专利联盟。

如第二次竞赛结束后，市场上仅存在专利权人 1 同时拥有两项专利，那么该专利权人将为两项专利设置打包许可价格，实现利润最大化。显然，此时不受是否允许联盟建立的影响，其最优打包许可价格为 $P^{M*} = P^{P*} = a\bar{u}/2$，专利权人利润 $\pi^M = \pi^P = a^2\bar{u}/4$。此时市场需求量 $Q^M = Q^P = a/2$。相似地，在第

一次竞赛结束后，第二次竞赛结束前，市场上仅存在专利权人 1 拥有一项专利，其最优许可价格 $P^{1*}=a\underline{u}/2=a\bar{u}\beta/2$，专利权人的利润 $\pi^1=a^2\underline{u}/4=a^2\bar{u}\beta/4$。此时市场需求量 $Q^1=a/2$。

在无联盟情况下，第二项专利的价值对第二次竞赛的外部参与人的价值为 π_i^N/r，根据公式 5－2，专利竞赛自由参与所导致的行业零利润条件为

$$\frac{\pi_i^N}{(x_2^{NO}+x_2^{NL}+r)r}-\alpha_2\leqslant 0 \qquad \text{（公式 5－10）}$$

其中 x_2^{NO} 表示无联盟情况下全部外部参与人的研发强度之和，x_2^{NL} 表示无联盟情况下专利权人 1（也就是领先者）的研发强度。显然，仅当公式 5－10 为严格等式时 $x_2^{NO}>0$。

在第二次竞赛开始时，专利权人 1 的无联盟情况下的预期利润 V^N 是现有利润 π^1、赢得第二次竞赛的预期利润 $x_2^{NL}\frac{\pi^M}{r}$、第二次竞赛由外部专利权人赢得时的预期利润 $x_2^{NO}\frac{\pi_i^N}{r}$ 三项之和，通过调整利率 $x_2^{NO}+x_2^{NL}+r$ 折现后，减第二阶段的研发支出。即

$$V^N=\frac{\pi^1+x_2^{NL}\frac{\pi^M}{r}+x_2^{NO}\frac{\pi_i^N}{r}}{x_2^{NO}+x_2^{NL}+r}-\alpha_2x_2^{NL} \qquad \text{（公式 5－11）}$$

由 $\frac{dV^N}{dx_2^{NL}}=0$ 及公式 5－10 等式约束，求得专利权人 1 第二次专利竞赛的均衡研发投入为

$$x_2^{NL*}=\begin{cases}\dfrac{a^2\bar{u}}{45r\alpha_2}+\dfrac{4}{5}(1-\beta)r-\beta r & \text{当 } \beta\leqslant 2/3\\[2ex] \dfrac{a^2\bar{u}(1-\beta)(2\beta-1)[1-8(1-\beta)(2\beta-1)]}{r\alpha_2[1-4(1-\beta)(2\beta-1)]}-\dfrac{r[\beta-4(1-\beta)(2\beta-1)]}{[1-4(1-\beta)(2\beta-1)]} & \text{当 } \beta>2/3\end{cases}$$

（5－12）

外部参与者在第二次专利竞赛中的均衡研发投入为

$$x_2^{NO*} = \begin{cases} \dfrac{4a^2\bar{u}}{45r\alpha_2} - \dfrac{9}{5}(1-\beta)r & \text{当}\beta \leqslant 2/3 \\ \dfrac{4a^2\bar{u}\left[(1-\beta)(2\beta-1)\right]^2}{r\alpha_2\left[1-4(1-\beta)(2\beta-1)\right]} - \dfrac{r(1-\beta)}{\left[1-4(1-\beta)(2\beta-1)\right]} & \text{当}\beta > 2/3 \end{cases}$$

（公式 5－13）

将公式 5－12 和公式 5－13 相加，求得无联盟情况下第二次专利竞赛均衡研发投入总额为

$$X_2^N = x_2^{NL*} + x_2^{NO*} = \begin{cases} \dfrac{a^2\bar{u}}{9r\alpha_2} - r & \text{当}\beta \leqslant 2/3 \\ \dfrac{a^2\bar{u}(1-\beta)(2\beta-1)}{r\alpha_2} - r & \text{当}\beta > 2/3 \end{cases}$$

（公式 5－14）

将公式 5－12、公式 5－13 代回公式 5－11，得到专利权人 1 无联盟情况下的利润现值为

$$V^N = \begin{cases} \dfrac{7a^2\bar{u}}{60r} + \alpha_2\beta r - \dfrac{4}{5}\alpha_2(1-\beta)r & \text{当}\beta \leqslant 2/3 \\ \dfrac{a^2\bar{u}\left[1-12(1-\beta)(2\beta-1)+48(1-\beta)^2(2\beta-1)^2\right]}{4r\left[1-4(1-\beta)(2\beta-1)\right]} + \dfrac{\alpha_2 r\left[\beta-4(1-\beta)(2\beta-1)\right]}{\left[1-4(1-\beta)(2\beta-1)\right]} & \text{当}\beta > 2/3 \end{cases}$$

（公式 5－15）

将公式 5－12 代入公式 5－2，得到无联盟情况第一次专利竞赛均衡研发投入总额为

$$X_1^N = \begin{cases} \dfrac{7a^2\bar{u}}{60r\alpha_1} + (\dfrac{\alpha_2\beta}{\alpha_1} - 1)r - \dfrac{4\alpha_2(1-\beta)}{5\alpha_1}r & \text{当}\beta \leqslant 2/3 \\ \dfrac{a^2\bar{u}\left[1-12(1-\beta)(2\beta-1)+48(1-\beta)^2(2\beta-1)^2\right]}{4r\alpha_1\left[1-4(1-\beta)(2\beta-1)\right]} + \dfrac{\alpha_2 r\left[\beta-4(1-\beta)(2\beta-1)\right]}{\alpha_1\left[1-4(1-\beta)(2\beta-1)\right]} - r & \text{当}\beta > 2/3 \end{cases}$$

（公式 5－16）

在有联盟情况下，第二项专利的价值对第二次竞赛的外部参与人的价值为 π_i^P/r，根据公式 5－2，专利竞赛自由参与所导致的行业零利润条件为

$$\frac{\pi_i^P}{(x_2^{PO} + x_2^{PL} + r)r} - \alpha_2 \leqslant 0 \qquad \text{（公式 5－17）}$$

其中 x_2^{PO} 表示有联盟情况下全部外部参与人的研发强度之和，x_2^{PL} 表示有联盟情况下专利权人1的研发强度。显然，仅当公式5－17为严格等式时 $x_2^{PO}>0$。

在第二次竞赛开始时，专利权人1的无联盟情况下的预期利润 V^P 为现有利润 π^1、赢得第二次竞赛的预期利润 $x_2^{PL}\frac{\pi^M}{r}$、第二次竞赛由外部专利权人赢得时的预期利润 $x_2^{PO}\frac{\pi_i^P}{r}$ 三项之和，通过调整利率 $x_2^{PO}+x_2^{PL}+r$ 折现后，减第二阶段的研发支出。即

$$V^P=\frac{\pi^1+x_2^{PL}\frac{\pi^M}{r}+x_2^{PO}\frac{\pi_i^P}{r}}{x_2^{PO}+x_2^{PL}+r}-\alpha_2 x_2^{PL} \qquad \text{（公式5－18）}$$

由 $\frac{dV^P}{dx_2^{PL}}=0$，$x_2^{PL}>0$，$x_2^{PO}>0$，以及公式5－17等式约束，求得专利权人1第二次专利竞赛的均衡研发投入为

$$x_2^{PL*}=\begin{cases}2r(\frac{1}{2}-\beta) & \text{当}\beta\leqslant 1/2\\ 0 & \text{当}\beta>1/2\end{cases} \qquad \text{（公式5－19）}$$

外部参与者在第二次专利竞赛中的均衡研发投入为

$$x_2^{PO*}=\begin{cases}\frac{a^2\bar{u}}{8r\alpha_2}-2r(1-\beta) & \text{当}\beta\leqslant 1/2\\ \frac{a^2\bar{u}}{8r\alpha_2}-r & \text{当}\beta>1/2\end{cases} \qquad \text{（公式5－20）}$$

将公式5－19和公式5－20相加，求得有联盟情况下第二次专利竞赛均衡研发投入总额为

$$X_2^P=x_2^{PL*}+x_2^{PO*}=\frac{a^2\bar{u}}{8r\alpha_2}-r \qquad \text{（公式5－21）}$$

将公式5－20、公式5－19代回公式5－18，得到专利权人1有联盟情况下的利润现值为

$$V^P=\frac{a^2\bar{u}}{8r}+r\alpha_2(2\beta-1) \qquad \text{（公式5－22）}$$

将公式5－22代入公式5－2，得到无联盟情况第一次专利竞赛均衡研发

投入总额为

$$X_1^P = \frac{a^2 \bar{u}}{8r\alpha_1} + \frac{r\alpha_2(2\beta - 1)}{\alpha_1} - r \qquad \text{（公式 5-23）}$$

5.1.3　结果分析

上述求得的模型均衡是精确解析解，而在分析中利用 $\{\bar{u}, a\} \gg \{\alpha_i, r\}$ 的假设化简取近似值，以在不影响结论的前提下使分析更为直观。

5.1.3.1　研发强度

比较公式 5-14 所示无联盟情况第二次专利竞赛总研发强度，与公式 5-21 所示有联盟情况第二次专利竞赛总研发强度。两公式都是边际成本 α_2 的减函数，这说明此次研发难度越大则研发强度越低。近似结果如图 5-1 所示，有联盟情况下的研发强度 X_2^P 不受 β 变化的影响，始终保持在较高水平。在无联盟情况下，研发强度 X_2^N 在许可价格受需求边际约束（$\beta \leqslant 2/3$）时保持在较低水平；当许可价格受竞争边际约束时，X_2^N 先随 β 增大逐渐提高（$2/3 < \beta < 3/4$）；X_2^N 在 $\beta = 3/4$ 时到达与 X_2^P 相等的水平后，X_2^N 随着 β 逐渐趋近于 1 迅速降低为 0。而在 $\beta \in [0,1]$ 的整个区间上，始终有 $X_2^P \geqslant X_2^N$。也就是说，专利联盟提高了第二次专利竞赛的研发强度。这是由于联盟的存在保证了外部

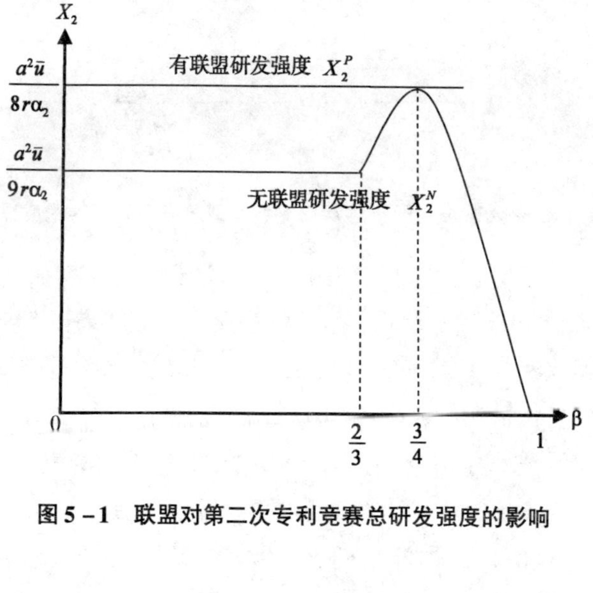

图 5-1　联盟对第二次专利竞赛总研发强度的影响

参与人赢得专利竞赛后，不会因多重加价或过度价格竞争导致利润不足，由此使它们更积极地参与研发。

根据公式 5 - 12、公式 5 - 13、公式 5 - 19、公式 5 - 20，讨论有无联盟两种情况下第二次专利竞赛中总研发强度的构成。近似结果如图 5 - 2 所示，在无联盟情况下，当 $\beta \leqslant 2/3$ 时，外部参与者和领先者的投入比例分别占总研发强度 4/5 和 1/5；当 $\beta > 2/3$ 时，随 β 的增大，外部参与者的投入比例逐渐下降趋近 0，而领先者投入的比例逐渐提高趋近于 1。即无联盟情况下，随着专利替代性提高，领先者倾向垄断整个市场，外部参与者逐渐退出第二次专利竞赛。在有联盟情况下，外部参与人的投入比例始终保持在接近 1 的水平，领先者的投入比例是无足轻重的。这说明由于专利联盟能够在很大程度上保证领先者的既得利益，使其避免了寡头情况下多重加价或过度价格竞争导致利润减少，抑制了其垄断市场的动机。

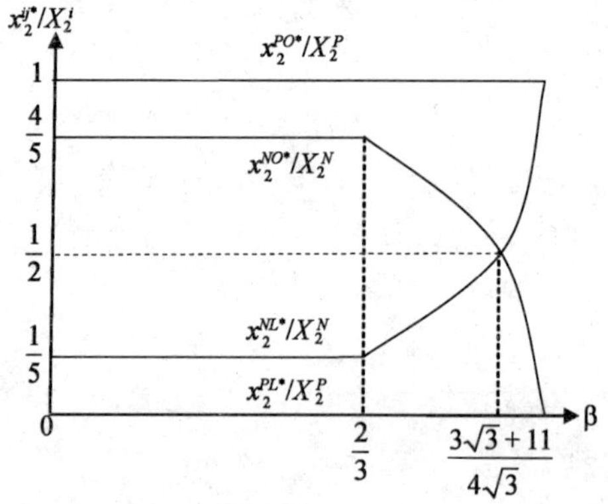

图 5 - 2　有无联盟情况下第二次专利竞赛总研发强度的构成比较

比较公式 5 - 16 所示无联盟情况第一次专利竞赛总研发强度，与公式 5 - 23 所示有联盟情况第一次专利竞赛和研发强度。近似结果如图 5 - 3 所示，有联盟情况下的研发强度 X_1^P 不受 β 变化的影响，始终保持在较高水平。在无联盟情况下，当许可价格受需求边际约束（X_1^N）时，研发强度 X_1^N 保持在较低水平；在许可价格受到竞争边际约束时，X_1^N 先随 β 增大逐渐提高（$2/3 < \beta < 3/4$）；在 $\beta = 3/4$ 时到达与 X_1^P 相等的水平之后，X_1^N 随着 β 逐渐趋近于 1 迅速降低为 0。在 $\beta \in [0,1]$ 的整个区间上，始终有 $X_1^P \geqslant X_1^N$。也就是说，专利联

盟提高了第一次专利竞赛的总研发强度。这是由于联盟的存在保证了某参与人赢得了专利竞赛而成为专利权人 1 后，能够避免其因未赢得第二次专利竞赛所面临的多重加价或过度价格竞争导致的利润减少的风险，即提高了专利权人 1 的预期利润，由此使参与者更积极地参与研发。此外，如不考虑边际研发成本 α_i 影响，则与第一次专利竞赛相比，专利联盟对第二次专利竞赛总研发强度的提高效果更加显著。综合上述分析可得出下述命题 5－1。

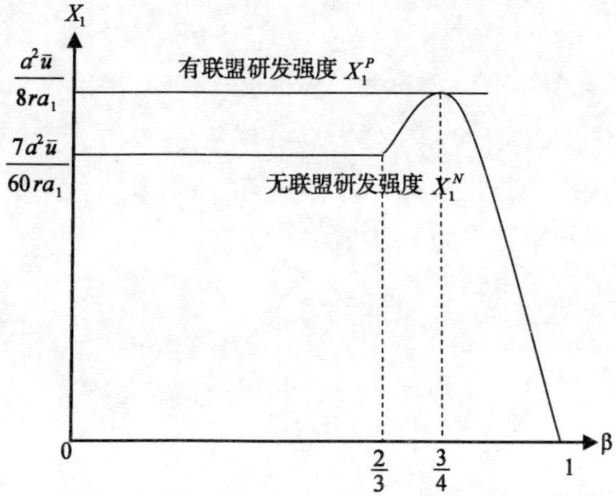

图 5－3　联盟对第一次专利竞赛总研发强度的影响

命题 5－1：专利联盟具有创新激励作用，能够提高序贯专利竞赛中各阶段的研发强度。同时，专利联盟还能抑制领先者垄断市场的动机，提高外部参与者的积极性，由此优化市场结构。

5.1.3.2　社会福利

讨论专利联盟存在对长期社会福利的影响，长期社会福利计算起始点为第一次专利竞赛开始。由于两次专利竞赛都是自由参与的，导致企业预期利润为 0。也就是说，社会福利与预期消费者剩余的现值等同。

根据公式 5－5 计算不同情况下静态消费者剩余。在第一次专利竞赛结束，且第二次竞赛尚未结束期间的消费者剩余 $CS_1 = \beta a\bar{u}/8$ 。如第二次专利竞赛由专利权人 1 赢得或有联盟存在，消费者剩余 $CS_M = CS_P = a\bar{u}/8$ 。如第二次专利竞赛由外部参与者赢得且不存在联盟，在许可价格受到需求边际约束时

($\beta \leqslant 2/3$) 消费者剩余 $CS'_N = a\bar{u}/18$，在许可价格受到竞争边际约束时 ($\beta > 2/3$) 消费者剩余 $CS''_N = a\bar{u}(2\beta - 1)^2/2$。

据此，在无专利联盟时社会福利可表示为

$$SW_N = \int_0^\infty e^{-(X_1^N+r)t} X_1^N \left[\int_0^\infty e^{-(X_2^N+r)s} \left(CS_1 + x_2^{NL}\frac{CS_M}{r} + x_2^{NO}\frac{CS_N}{r}\right) ds\right] dt$$

$$= \frac{X_1^N}{X_1^N + r} \times \frac{CS_1 + x_2^{NL}\frac{CS_M}{r} + x_2^{NO}\frac{CS_N}{r}}{X_2^N + r}$$

（公式 5－24）

将公式 5－12、公式 5－13、公式 5－14、公式 5－16 以及相对应的消费者剩余，分不同区间代入公式 5－24，同时利用 $\{\bar{u}, a\} \gg r$ 的假设简化结果，可得到无专利联盟时社会福利的近似值为

$$\tilde{SW}_N = \begin{cases} \dfrac{5a^2\bar{u}}{72r} & 当\ \beta \leqslant 2/3 \\ \dfrac{a^2\bar{u}[1 - 8(1-\beta)(2\beta-1) + 16(1-\beta)(2\beta-1)^3]}{8r[1-4(1-\beta)(2\beta-1)]} & 当\ \beta > 2/3 \end{cases}$$

（公式 5－25）

在有专利联盟时社会福利可表示为

$$SW_P = \int_0^\infty e^{-(x_1^P+r)t} X_1^P \left[\int_0^\infty e^{-(x_2^P+r)s} \left(CS_1 + x_2^{PL}\frac{CS_M}{r} + x_2^{PO}\frac{CS_P}{r}\right) ds\right] dt$$

$$= \frac{X_1^P}{X_1^P + r} \times \frac{CS_1 + x_2^{PL}\frac{CS_M}{r} + x_2^{PO}\frac{CS_P}{r}}{X_2^P + r}$$

（公式 5－26）

将公式 5－19、公式 5－20、公式 5－21、公式 5－23 以及相对应的消费者剩余代入公式 5－24，同时利用 $\{\bar{u}, a\} \gg r$ 的假设简化结果，可得到有专利联盟时社会福利的近似值为

$$\tilde{SW}_P = \frac{a^2\bar{u}}{8r}$$ （公式 5－27）

比较公式 5－25、公式 5－27 中有无联盟两种情况下的社会福利近似值，结果如图 5－4 所示。

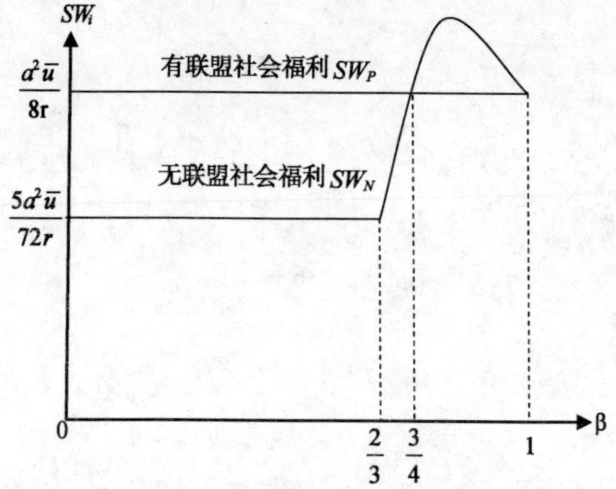

图 5 -4　联盟对社会福利的影响

由图 5 -4 可直观得到下述命题 5 -2，该命题与 Lerner 和 Tirole（2004）专利联盟静态社会福利效应分析的结论[8]基本是一致且相对应的。

命题 5 -2：当联盟中专利的互补性足够高（$\beta \leqslant 3/4$），联盟存在提高了社会福利；当联盟中专利的替代性足够高（$\beta > 3/4$），联盟存在降低了社会福利。

5.2　专利联盟的累进创新效应

Dequiedt 和 Versaevel（2007）的模型中，假定在无联盟情况下各专利不存在相互影响，该假设使其研究未能体现创新市场上的专利丛林问题。该研究在展望中强调，应开展专利价值非对称和讨价还价力量动态变化情况下的深入研究[22]。因此，本节将 Llanes 和 Trento（2009）中累进创新的专利关系[25]引入该研究的模型框架，使分析的现实针对性更强。同时 Lerner 等（2007）认为，一些显而易见的联盟规则，能够成为联盟是否损害市场效率的有效判别工具，对联盟性质有很大影响[42]。因此本章在对联盟本身创新影响分析的基础上，进一步分析了联盟许可费率和规模的创新效应问题。

5.2.1 专利竞赛模型

5.2.1.1 基本假设

某行业中有 $n>2$ 家对称的企业，每家企业投资特定的研发项目，能且仅能获得唯一的一项专利。各企业对其研发项目的投资是一个时间连续的利润最大化决策问题，在每一时点每家企业 i 可独立决策非负研发强度 x_t^i，其本质是企业间研发速度的博弈。

当某家企业完成研发项目，将可获得一项永久有效的专利，并可通过在下游市场生产中使用该专利获得净收益流 v。净收益流 v 不涉及专利许可费，因此与上游专利联盟的存在与否无关。设利率为 r，那么不考虑许可费情况下专利的价值 $\Pi=v/r$。企业 i 成功完成研发而获得专利的时间期望，由斜率为 x_t^i 的泊松过程决定，即 x_t^i 也是企业 i 完成研发的瞬时概率。由此，企业 i 不考虑研发成本和许可费情况下期望利润现值为 $\int_0^{\infty}[x_t^i e^{-(x_t^i+r)t}\Pi]dt=\frac{x_t^i}{x_t^i+r}\Pi$。

设研发成本流函数 $c(x_t^i)=x_t^{i2}$，即二次成本函数的最简形式。由于满足 $c(0)=0$、$c'(x_t^i)=2x_t^i\geqslant 0$、$c'(0)=0$、$c'(+\infty)=+\infty$、$c''(x_t^i)=2>0$ 等条件，因此企业 i 在相应研发项目中最优研发强度是内部解，保证了各阶段博弈均衡的存在性[19]；同时由于 $c'''(x_t^i)=0$，满足 $c'''\geqslant 0$ 的条件，由此保证了博弈对称马尔可夫完美均衡的唯一性[21]。

n 家企业研发项目完成并取得专利的时间是不同的，后取得的专利在使用专利时将侵犯到之前的专利。那么，先前取得的专利便可对新专利的使用收取许可费，许可费可由各专利权人各自收取，或由专利联盟按公平、合理、非歧视（FRAND）的原则统一收取后再分配给联盟成员。

5.2.1.2 无联盟情况专利竞赛

在无联盟情况下，专利权人将分别对后续专利使用收取许可费。设在此情况下每项对称专利的许可费率同为 $0<l<v$，也就是说，后续专利使用须向在其之前的每一名专利权人持续缴纳许可费 l，因此专利权人 k 预期缴纳的许可费现值 $L_k=(k-1)l/r$。

不考虑后续许可收入的情况下，使用专利 k 的净收益为 $\Pi-L_k=$

$\frac{v-(k-1)l}{r}$。假设 n 足够大使 $(n-1)l > v$，则必存在小于 n 正整数 m，同时满足 $(m-1)l < v$ 和 $ml > v$，由此可得下述辅助命题5-1。

辅助命题5-1：在无联盟情况下，第 m 阶段是各企业研发投入的最后阶段。当专利 m 产生后，未获得专利的 $n-m$ 家企业将放弃研发项目，即 $x_{m+1}^{i} = 0$。

显然，使用专利 m 之后的各项专利（如果出现）的预期净收益为负值，即当 $k > m$ 时 $\Pi - L_k < 0$，因此它们没有使用价值。同时由于此后专利不会被使用，包括专利 m 在内的各项后续专利也不会产生许可收入。因此在专利 m 产生后，未获得专利的 $n-m$ 家企业的研发项目失去价值（包括使用价值和许可价值），这些企业将不会继续进行研发投入。

设无联盟情况下，函数 $V_k^i(1)$ 为专利 k 出现后的对专利权人 k 现实价值，$V_k^i(0)$ 为专利 $k-1$ 出现之后（或博弈开始时）专利 k 出现前，预期产生专利 k 的研发项目对企业 i 的价值。根据辅助命题5-1可得出，对任意企业 i 有 $V_{m+1}^i(0) = 0$，即 $m+1$ 阶段的项目已失去投资价值。并且 $V_{m+1}^i(1)$ 不存在，即第 $m+1$ 项专利不会出现。

下面讨论 $k \leqslant m$ 的情况。当有 $k-1$ 家企业完成创新并获得专利，市场上还有 $n-k+1$ 家企业继续投资研发项目。设企业 i 是 $n-k+1$ 家继续投资研发项目的企业中的任何一家，其策略投资的结果有两种可能，其一是在其他企业 $n-k$ 家企业之前研发成功并且获得专利 k，得到阶段 k 的创新价值 $V_k^i(1)$，其二是落后于其他企业而未获得专利 k，并由此得到下一阶段的研发项目价值 $V_{k+1}^i(0)$。由此可知在 k 阶段开始时，研发项目对企业 i 的价值 $V_k^i(0)$ 满足

$$rV_k^i(0) = \max_{x_k^i} \left\{ x_k^i[V_k^i(1) - V_k^i(0)] + X_k^i[V_{k+1}^i(0) - V_k^i(0)] - c(x_k^i) \right\}$$

（公式5-28）

公式5-28中 x_k^i 为企业 i 阶段 k 研发强度，X_k^i 为其他 $n-k$ 家企业阶段 k 研发强度。该公式表明 $V_k^i(0)$ 的资产回报等于“资本利得”$x_k^i[V_k^i(1) - V_k^i(0)] + X_k^i[V_{k+1}^i(0) - V_k^i(0)]$ 减支出流 $c(x_k^i)$ 的最大值。而“资本利得”中的 $x_k^i[V_k^i(1) - V_k^i(0)]$ 部分是取得专利 k 的收益，$X_k^i[V_{k+1}^i(0) - V_k^i(0)]$ 的部分是未取得专利 k 的收益。

根据公式5－28右边最大化一阶条件可得到，企业 i 的最优研发强度 $x_k^{i*} = \frac{V_k^i(1) - V_k^i(0)}{2}$。并由对称假设，$x_k^{i*} = x_k^*$，$V_k^i(0) = V_k(0)$，$V_k^i(1) = V_k(1)$，据此

$$V_k(0) = V_k(1) - c'(x_k^*) = V_k(1) - 2x_k^* \qquad \text{（公式5－29）}$$

将公式5－29代回公式5－28，并利用对称假设可得到研发项目 k 的价值 $V_k(0)$ 的递推方程为

$$rV_k(0) = x_k^{*2} + (n-k)x_k^*[V_{k+1}(0) - V_k(0)] \qquad \text{（公式5－30）}$$

接下来考虑专利 k 的现实价值 $V_k(1)$。由于各企业研发项目都是泊松过程，即当时间长度趋近无穷，研发成功的概率趋近1。但考虑时间价值，可将预期收益以研发成功的“校正概率”表示。也就是说，可将企业 i 的研发过程视为投入 x^i，则即时成功概率为 $\frac{x^i}{x^i + r}$ 的瞬时问题。同时泊松过程的可累加性表明，多家企业独立投资同样的研发项目，则成功的“校正概率”为 $\frac{\sum x^i}{\sum x^i + r}$。由此专利 k 的现实价值 $V_k(1)$ 可表示为

$$V_k(1) = \frac{v - (k-1)l}{r} + \frac{l}{r}\sum_{i=k+1}^{m}\prod_{j=k+1}^{i}\frac{(n-j+1)x_j^*}{r + (n-j+1)x_j^*}$$

（公式5－31）

公式5－31右边由两项组成，前一项为使用专利 k 获得的价值，后一项为预期后续许可费收益。根据该公式结构可知，如果 $x_k^* > x_{k+1}^*$ 成立，则必然有 $V_k(1) > V_{k+1}(1)$。进一步根据公式5－31可得出下述辅助命题5－2。

辅助命题5－2：当无联盟且 $k \leqslant m$ 时，有 $V_k(1) > 0$、$V_k(0) > 0$，以及 $x_k^* > 0$。

首先，由公式5－31，显然有 $V_k(1) > 0$。其次，假设 $x_k^* = 0$，那么专利 k 将不会产生，且 $k+1$ 阶段也不会出现，则此时有 $V_{k+1}(0)$，$V_{k+2}(0)$，…，$V_m(0) = 0$。但同时由于 $V_k(1) > 0$，那么各企业必在第 k 阶段投资，因此有 $x_k^* > 0$，这与 $x_k^* = 0$ 是矛盾的。因此 $x_k^* > 0$ 必然成立。最后，既然取得专利 k 能产生正的收益，且各企业投资也为正值，则各研发项目在 k 阶段必然有正

的价值，即 $V_k(0) > 0$ 。

根据“校正概率”的基本思想，从另一个角度看，如果在第 $k+1$ 阶段的专利竞赛中，所有 $n-k$ 家企业研发失败，则专利 k 为最后一项专利，此时专利权人 k 获得的净收益为 $\Pi - L_k = \frac{v-(k-1)l}{r}$，而与此情况对应的概率为 $\frac{r}{r+(n-k)x_{k+1}^*}$。相反，如果第 $k+1$ 阶段专利竞赛创新成功，专利权人 k 获得的净收益将等于 $V_{k+1}(1) + \frac{2l}{r}$。即是在 $V_{k+1}(1)$ 的基础上，少缴纳并多收取一份许可费，与此情况对应的概率为 $\frac{(n-k)x_{k+1}^*}{r+(n-k)x_{k+1}^*}$。基于上述讨论，专利 k 的现实价值 $V_k(1)$ 可递推表示为

$$V_k(1) = \frac{r[\frac{v-(k-1)l}{r}] + (n-k)x_{k+1}^*[V_{k+1}(1) + \frac{2l}{r}]}{r+(n-k)x_{k+1}^*}$$

（公式 5 – 32）

5.2.1.3　有联盟情况专利竞赛

在有联盟情况下，由联盟对后续专利的使用收取许可费，并分配给联盟成员。设 $s < n$ 为组建联盟的必要专利数量，即当有 s 项专利出现时联盟形成，联盟发起者为率先取得专利的 s 家企业。联盟发起者使用专利无需向联盟缴纳许可费，而后续专利使用向联盟缴纳的许可费率同为 $0 < l_p < v$。同时联盟规则包含回授（grantback）条款，即要求被许可人必须将与联盟相关的创新无偿交付给联盟。这就使非联盟发起者无法独立阻碍后续专利使用，并无法向其收取许可费。联盟收取许可费后将在 s 家联盟发起者间平分。

设有联盟情况下，函数 $\tilde{V}_k^i(1)$ 为专利 k 出现后的对专利权人 k 现实价值，$\tilde{V}_k^i(0)$ 为专利 $k-1$ 出现之后（或博弈开始时）专利 k 出现前，预期产生专利 k 的研发项目对企业 i 的价值。那么，在专利联盟形成之后，联盟外所有未取得专利的企业无论在哪一阶段研发成功，都将获得净收益现值 $\frac{v-l_p}{r}$，因此此时各专利出现后对外部专利权人的现实价值 $\tilde{\underline{V}}(1) = \frac{v-l_p}{r}$，而研发项目对各企

业的价值 $\underset{\sim}{V}(0)$ 满足

$$r\underset{\sim}{V}(0)=\max_{\tilde{x}}\{\tilde{x}[\underset{\sim}{V}(1)-\underset{\sim}{V}(0)]-c(\tilde{x})\} \quad \text{（公式 5－33）}$$

公式5－33表明，$\underset{\sim}{V}(0)$ 的资产回报等于资本利得 $\tilde{x}[\underset{\sim}{V}(1)-\underset{\sim}{V}(0)]$ 减去支出流 $c(\tilde{x})$ 的最大值。

由公式 5－33 右边一阶条件可得到，各企业最优研发强度 $\underset{\sim}{x}=\dfrac{\tilde{V}(1)-\tilde{V}(0)}{2}$，即

$$\underset{\sim}{V}(0)=\underset{\sim}{V}(1)-c'(\underset{\sim}{x})=\frac{v-l_p}{r}-2\underset{\sim}{x} \quad \text{（公式 5－34）}$$

将公式5－34代入公式5－33，得到此时最优研发强度 $\underset{\sim}{x}$ 满足

$$\underset{\sim}{x}^2+2r\underset{\sim}{x}-(v-l_p)=0 \quad \text{（公式 5－35）}$$

根据以上推导可得下述辅助命题5－3。

辅助命题5－3：在联盟已形成的情况下，尚未获得专利的 $n-s$ 家企业在创新成功前研发强度将维持在 $\underset{\sim}{x}$ 的水平上。

在专利数量已达到联盟形成的临界点时，由辅助命题 5－3 可得专利 s 价值为

$$\tilde{V}_s(1)=\frac{v}{r}+\frac{n-s}{s}\times\frac{\underset{\sim}{x}}{\underset{\sim}{x}+r}\times\frac{l_p}{r} \quad \text{（公式 5－36）}$$

公式5－36由两部分构成，前一项是专利权人 s 使用专利得到的收益现值。后一项为联盟对其分配的预期许可收益，$n-s$ 家被许可人缴纳的许可费被 s 家联盟成员平分，每一家被许可人研发成功的校正概率为 $\dfrac{\underset{\sim}{x}}{\underset{\sim}{x}+r}$，成功后使用专利须持续缴纳金额为 l_p 的许可费。

以公式5－34、公式5－36为逆向递归的起点，考虑联盟形成前（$k\leqslant s$）各阶段专利竞赛。在第 k 阶段竞赛开始时，研发项目对企业 i 的价值 $\tilde{V}_k^i(0)$ 满足

$$r\tilde{V}_k^i(0)=\max_{\tilde{x}_k^i}\left\{\tilde{x}_k^i[\tilde{V}_k^i(1)-\tilde{V}_k^i(0)]+\tilde{X}_k^i[\tilde{V}_{k+1}^i(0)-\tilde{V}_k^i(0)]-c(\tilde{x}_k^i)\right\}$$

（公式 5－37）

公式5－37中 $\tilde{x}_k^i$ 为企业 i 在阶段 k 研发强度，$\tilde{X}_m^i$ 为其他 $n-k$ 家企业在阶

段 k 研发强度之和。该公式含义与公式 5－28 一致。根据公式 5－36 右边最大化一阶条件可得，企业 i 最优研发强度 $\tilde{x}_k^{i\ *} = \frac{\tilde{V}_k^i(1) - \tilde{V}_k^i(0)}{2}$。并由对称假设，$\tilde{x}_k^{i\ *} = \tilde{x}_k^*$，$\tilde{V}_k^i(0) = \tilde{V}_k(0)$，$\tilde{V}_k^i(1) = \tilde{V}_k(1)$，据此可得

$$\tilde{V}_k(0) = \tilde{V}_k(1) - c'(\tilde{x}_k^*) = \tilde{V}_k(1) - 2\tilde{x}_k^* \qquad \text{（公式 5－38）}$$

将公式 5－38 代回公式 5－37，可得有联盟情况下第 k 阶段研发项目的价值 $\tilde{V}_k(0)$ 的递推方程为

$$r\tilde{V}_k(0) = \tilde{x}_k^{*\ 2} + (n-k)\tilde{x}_k^*[\tilde{V}_{k+1}(0) - \tilde{V}_k(0)] \qquad \text{（公式 5－39）}$$

接下来考虑在有联盟情况下，专利 k 的现实价值 $\tilde{V}_k(1)$。在第 $k+1$ 阶段的专利竞赛中，如果所有 $n-k$ 家企业研发失败，则专利 k 为最后一项专利，此时专利权人 k 获得的净收益为 $\frac{v}{r}$，而与此情况对应的概率为 $\frac{r}{r+(n-k)\tilde{x}_{k+1}^*}$。相反，如第 $k+1$ 阶段专利竞赛创新成功，专利权人 k 获得的净收益将等同于 $\tilde{V}_{k+1}(1)$，与此情况对应的概率为 $\frac{(n-k)\tilde{x}_{k+1}^*}{r+(n-k)\tilde{x}_{k+1}^*}$。因此，专利 k 的现实价值 $\tilde{V}_k(1)$ 可递推表示为

$$\tilde{V}_k(1) = \frac{r(\frac{v}{r}) + (n-k)\tilde{x}_{k+1}^*\tilde{V}_{k+1}(1)}{r+(n-k)\tilde{x}_{k+1}^*} \qquad \text{（公式 5－40）}$$

根据公式 5－36，显然有 $\tilde{V}_s(1) > \frac{v}{r}$。同时由公式 5－40，$\tilde{V}_k(1)$ 是 $\frac{v}{r}$ 与 $\tilde{V}_{k+1}(1)$ 凸组合。据此可得到下述辅助命题 5－4。

辅助命题 5－4：在有联盟的情况下，当 $k < n$ 时有 $\underline{V}(1) = \frac{v - l_p}{r} < \frac{v}{r} < \tilde{V}_k(1) < \tilde{V}_{k+1}(1)$。

辅助命题 5－4 的含义为，随着专利数量逐渐接近联盟形成的临界值，后出现的专利的现实价值将高于之前的专利，且联盟形成前的专利现实价值恒大于联盟形成后出现的专利。这是由于联盟形成前研发成功可获得联盟收益，且后出现的专利须承担的时间折扣比之前的专利小。

5.2.2 均衡模式分析

根据上述建立的专利竞赛模型递归系统，在此描述在无、有联盟两种情况下各阶段研发投入对称马尔可夫完美均衡的基本模式，并加以比较。

5.2.2.1 无联盟情况的均衡模式

结合辅助命题 5－1、辅助命题 5－2 的结论，下述命题 5－3 描述了无联盟情况下研发投入均衡的基本模式。

命题 5－3：在无联盟情况下，研发竞赛博弈从阶段 1 开始到阶段 $m+1$ 结束，各企业均衡研发投入逐渐降低，直至阶段 $m+1$ 各企业研发投入都为 0，专利 $m+1$ 不会出现。

在辅助命题 5－1、辅助命题 5－2 的基础上，对命题 5－3 的证明，只需证明在 $k<m$ 的情况下，$x_k^* > x_{k+1}^*$ 恒成立即可。下面通过反证法证明。

首先可证，由 $x_{k-1}^* \leqslant x_k^*$ 必然可推得 $x_k^* \leqslant x_{k+1}^*$ 成立。假设 $x_{k-1}^* \leqslant x_k^*$，则根据 $V_k(0)$ 定义，此时必然有 $V_{k-1}(0) \leqslant V_k(0)$。即如果各企业在阶段 k 的均衡研发投入不少于阶段 $k-1$，则说明研发项目在阶段 k 的价值不小于在阶段 $k-1$ 的价值。并由公式 5－29 可知，此时也必有 $V_{k-1}(1) \leqslant V_k(1)$ 成立。根据公式 5－32 可得

$$V_{k-1}(1)=\frac{r\left[\frac{v-(k-2)l}{r}\right]+(n-k+1)x_k^*\left[V_k(1)+\frac{2l}{r}\right]}{r+(n-k+1)x_k^*}$$

（公式 5－41）

根据公式 5－41 及 $V_{k-1}(1) \leqslant V_k(1)$ 的前提可进一步推得

$$r\left[\frac{v-(k-2)l}{r}\right]+2(n-k+1)x_k^*\frac{l}{r} \leqslant rV_{k-1}(1) \leqslant rV_k(1)$$

（公式 5－42）

将公式 5－29 代入公式 5－30 整理后可得

$$x_k^{*\,2}+2rx_k^*-rV_k(1)+(n-k)x_k^*\left[V_{k+1}(1)-V_k(1)+\frac{2l}{r}\right]+$$

$$2(n-k)x_k^*\left[x_k^*-x_{k+1}^*-\frac{l}{r}\right]=0 \qquad \text{（公式 5－43）}$$

再对公式 5－32 整理后可得

$$(n-k)x_{k+1}^*[V_{k+1}(1)-V_k(1)+\frac{2l}{r}]=r[V_k(1)-\frac{v-(k-1)l}{r}]$$

（公式5－44）

进一步设 $x_k^* > x_{k+1}^*$，并将公式5－44中 x_{k+1}^* 置换成 x_k^* 代入公式5－43可得

$$x_k^{*\,2}+2rx_k^*-\{r[\frac{v-(k-1)l}{r}]+2(n-k)x_k^*\frac{l}{r}\}+2(n-k)x_k^*[x_k^*-x_{k+1}^*]\leqslant 0$$

（公式5－45）

由公式5－42，公式5－45中 $r[\frac{v-(k-1)l}{r}]+2(n-k)x_k^*\frac{l}{r} < r[\frac{v-(k-2)l}{r}]+2(n-k+1)x_k^*\frac{l}{r}\leqslant rV_k(1)$，由此公式5－45可改写为

$$[x_k^{*\,2}+2rx_k^*-rV_k(1)]+2(n-k)x_k^*[x_k^*-x_{k+1}^*]<0$$

（公式5－46）

再根据公式5－29、公式5－30对公式5－46左侧第一项进行变换可得到，

$$(n-k)x_k^*[V_k(0)-V_{k+1}(0)]+2(n-k)x_k^*[x_k^*-x_{k+1}^*]<0$$

（公式5－47）

由于 $x_k^* > x_{k+1}^*$，$V_k(0) > V_{k+1}(0)$ 必然成立，那么公式5－47左侧两项都为正，二者相加小于0是不可能的。因此 $x_{k-1}^* \leqslant x_k^*$ 时 $x_k^* > x_{k+1}^*$ 不成立，必然有 $x_k^* \leqslant x_{k+1}^*$。

进一步可证，对任意 $k \leqslant m$，$x_k^* \leqslant x_{k+1}^*$ 不可能成立。根据辅助命题5－1、辅助命题5－2，$x_m^* > x_{m+1}^* = 0$。如果出现任意一个阶段 k 出现 $x_k^* \leqslant x_{k+1}^*$ 的情况，则后续各阶段大于0的均衡研发投入水平必然与上阶段持平或逐步上升，由此有 $x_{m+1}^* \geqslant x_m^*$，而这与辅助命题5－1、辅助命题5－2是矛盾的。

综合上述推导，在 $k < m$ 的情况下，$x_k^* > x_{k+1}^*$ 恒成立，命题5－3证得。结合辅助命题5－1、辅助命题5－2的结论，命题5－3的直观描述如图5－5所示。

5.2.2.2　有联盟情况的均衡模式

结合辅助命题5－3、辅助命题5－4的结论，下述命题5－4描述了有联盟情况下研发投入均衡的基本模式。

命题5－4：在有联盟的情况下，在联盟形成之前的阶段1至阶段 s，各企

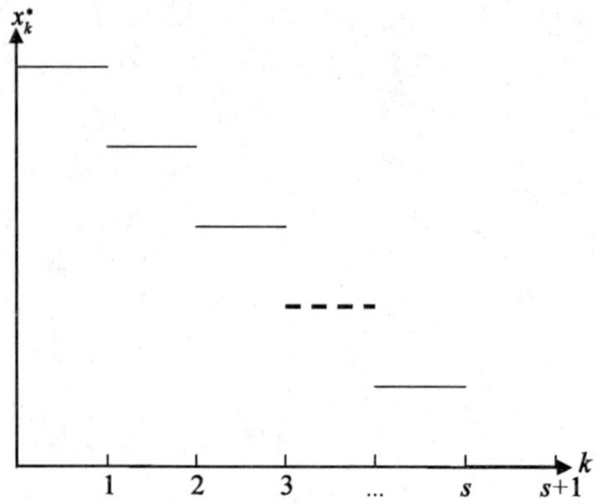

图 5－5　无联盟情况研发投入均衡的模式

业均衡研发投入逐步提高；在联盟形成之后的阶段 $s+1$ 至阶段 n，各企业均衡研发投入维持在 $\underline{\tilde{x}}$ 水平上；且联盟形成前各企业研发投入水平高于联盟形成后。

对命题 5－4 的证明，只需证明在 $k<s$ 情况下 $\tilde{x}_k^*<\tilde{x}_{k+1}^*$，且 $x_k^*>\underline{\tilde{x}}$。

首先证明，当 $k<s$ 时必有 $\tilde{x}_k^*<\tilde{x}_{k+1}^*$ 成立。将公式 5－38 代入公式 5－39 可得

$$[\tilde{x}_k^{*2}+2r\tilde{x}_k^*-r\tilde{V}_k(1)]+(n-k)\tilde{x}_k^*[\tilde{V}_{k+1}(1)-\tilde{V}_k(1)]+2(n-k)\tilde{x}_k^*[\tilde{x}_k^*-\tilde{x}_{k+1}^*]=0 \quad \text{（公式 5－48）}$$

并可将公式 5－40 改写为

$$r\tilde{V}_k(1)-(n-k)\tilde{x}_{k+1}^*[\tilde{V}_{k+1}(1)-\tilde{V}_k(1)]=v \quad \text{（公式 5－49）}$$

此时假设 $\tilde{x}_k^*\geqslant\tilde{x}_{k+1}^*$，并根据辅助命题 5－4 结论可将公式 5－49 改写为

$$r\tilde{V}_k(1)-(n-k)\tilde{x}_k^*[\tilde{V}_{k+1}(1)-\tilde{V}_k(1)+2\tilde{x}_k^*-2\tilde{x}_{k+1}^*]\leqslant v \quad \text{（公式 5－50）}$$

将公式 5－50 代入公式 5－48 可得到

$$\tilde{x}_k^{*2}+2r\tilde{x}_k^*-v\leqslant 0 \quad \text{（公式 5－51）}$$

由于联盟形成前，专利权人预期收益价值一定大于 v/r。而当公式 5－51 成立，参照公式 5－35、公式 5－37 的结构，必有 $\tilde{V}_k(0)<\tilde{V}_{k+1}(0)$ 成立。而这与 $\tilde{x}_k^*\geqslant\tilde{x}_{k+1}^*$ 是矛盾的，因为项目价值较小时投资却较多。因此当 $k<s$ 时必

有 $\tilde{x}_k^* < \tilde{x}_{k+1}^*$。

进一步证明在 $k < s$ 情况下有 $x_k^* > \underline{\tilde{x}}$。由于已证明 $\tilde{x}_k^* < \tilde{x}_{k+1}^*$，并根据辅助命题5－4结论可将公式5－49改写为

$$r\tilde{V}_k(1) - (n-k)\tilde{x}_k^*[\tilde{V}_{k+1}(1) - \tilde{V}_k(1)] + 2(n-k)\tilde{x}_k^*[\tilde{x}_{k+1}^* - \tilde{x}_k^*] > v$$

（公式5－52）

将公式5－52代入公式5－48可得到 $\tilde{x}_k^{*\,2} + 2r\tilde{x}_k^* - v > 0$，与公式5－35比较可知，$x_k^* > \underline{\tilde{x}}$ 必然成立。

综合上述推导，在 $k < s$ 的情况下有 $\tilde{x}_k^* < \tilde{x}_{k+1}^*$ 和 $x_k^* > \underline{\tilde{x}}$ 恒成立，命题5－4证得。结合辅助命题5－3、辅助命题5－4的结论，命题5－4的直观描述如图5－6所示。

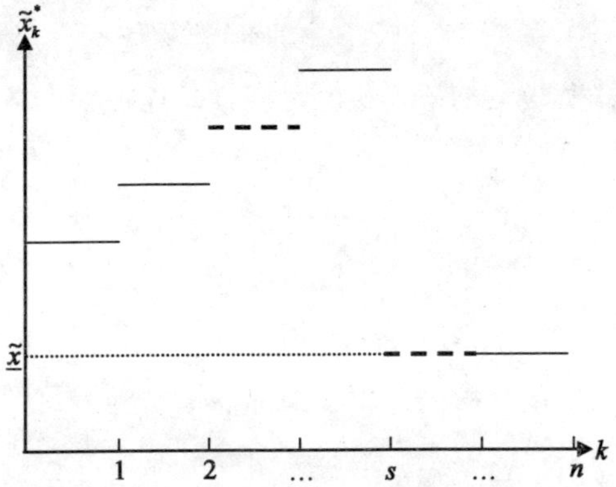

图5－6　有联盟情况研发投入均衡的模式

5.2.2.3　均衡模式比较

上述无、有联盟两种情况下研发投资的马尔可夫均衡模式比较表明，专利联盟的存在改变了企业在不同阶段的研发投资动机，对产业健康发展有积极作用。

一方面，从联盟形成前的时间段来看，无联盟时的均衡研发投资模式为“由高到低”，而有联盟时的模式是“从低到高”。在无联盟情况下，某产业刚刚兴起时企业有很强的研发动机，这主要是出于对后续专利收取更多许可费的目的；而随着该产业逐渐成熟，越来越多专利出现，企业研发动机迅速减弱。

这主要是受到许可费多重累积，专利使用成本大幅提高的影响。而在有联盟情况下，产业刚刚兴起时企业研发动机保持在较合理的水平上，这是由于企业并没有过强的动机对后续专利“敲竹杠”；而随着专利数量逼近联盟成立的临界值，企业研发动机逐渐增强，这主要是受时间成本减少和被排斥在联盟之外的可能增大的影响。根据产业发展的一般规律，新兴产业往往需要一个逐步扩张的成熟期，但无联盟情况企业研发投资模式有悖这一规律，而在形成专利联盟预期影响下的研发投资模式更符合此规律。

另一方面，从联盟形成之后的时间段来看，无联盟情况下，“专利丛林”效应使企业研发投资逐渐降低至0，而联盟的存在却使后续各企业研发投资维持在高于0的水平上（即便也可能是偏低的）。这说明在无联盟情况下，专利丛林问题可导致产业因失去持续创新活力而迅速衰退。相反，在有联盟情况下，联盟的无歧视许可费率和回授条款抑制了专利丛林对产业发展的破坏作用，使各企业长期保持稳定的研发投资动机，从而可对产业的长远发展起到支撑作用。

5.2.3 联盟规则影响分析

专利联盟在协议中一般都规定了许可规则。如联盟设计者在各企业创新投资之前已制定并公布了这些规则，或企业对联盟规则有足够高的预见性，则这些规则即可对企业创新投资产生影响。在有专利联盟存在模型的基础上，此处对联盟许可费率和规模（即成员企业数量）两方面影响显著的联盟规则进行分析。

5.2.3.1 许可费率

在其他条件不变的假设下分析联盟许可费率对各阶段研发投资的影响。从联盟成立后的角度看，许可费率对被许可企业的创新投资影响如命题5－5所述。

命题5－5：在$(0, v)$的参数定义区间内，联盟许可费率l_p越高（越低），则被许可企业$\tilde{\underline{x}}$越低（越高）。且当l_p趋近v时，$\tilde{\underline{x}}$趋近0。

将$\tilde{\underline{x}}$作为l_p的参数，根据公式5－35及$\tilde{\underline{x}} \geqslant 0$的限制可得到

$$\tilde{\underline{x}}(l_p) = \sqrt{r^2 + (v - l_p)} - r \qquad \text{（公式5－53）}$$

根据公式5－53显然有 $\frac{d\tilde{x}}{dl_p} = -\frac{1}{2\sqrt{r^2+(v-l_p)}} < 0$，及 $\lim\limits_{l_p \to v}\tilde{x} = 0$，由此命题5－5证得。

命题5－5说明，较低的联盟许可费率可促进后续的研发投资，而较高的许可费率将会抑制后续研发投资。且如果许可费率高达临界水平 v，则相当于联盟禁止了后续专利产生。

从联盟成立前的角度看，许可费率对联盟成员的影响如命题5－6所述。

命题5－6：在 $(0, v)$ 区间内联盟存在唯一的最优许可费率 l_p^*，使联盟成员的专利价值 $\tilde{V}_k(l_p^*,1)$ 和联盟成立前各阶段的企业研发投资 $\tilde{x}_k^*(l_p^*)$ 同时达到最大化水平，其中 $k \leqslant s$。

根据公式5－38可得到，$\tilde{V}_k(l'_p,1) = \tilde{V}_k(l'_p,0) + 2\tilde{x}_k^*(l'_p)$，$\tilde{V}_k(l''_p,1) = \tilde{V}_k(l''_p,0) + 2\tilde{x}_k^*(l''_p)$。如果有 $\tilde{V}_k(l'_p,1) > \tilde{V}_k(l''_p,1)$，则因为有越大价值的项目投资越多，即 $\tilde{V}_k(l_p,0)$ 和 $\tilde{x}_k^*(l_p)$ 是同向变动的，且它们都大于0，由此可推得 $\tilde{V}_k(l'_p,0) > \tilde{V}_k(l''_p,0)$ 及 $\tilde{x}_k^*(l'_p) > \tilde{x}_k^*(l''_p)$。因此如果 l_p^* 是使 $\tilde{V}_k(l_p^*,1)$ 最大化的许可费率，它也必然能使 $\tilde{x}_k^*(l_p^*)$ 达到最大化。

由公式5－40及辅助命题5－4可知，条件 $\tilde{V}_{k+1}(l'_p,1) > \tilde{V}_{k+1}(l''_p,1)$ 与 $\tilde{x}_{k+1}^*(l'_p) > \tilde{x}_{k+1}^*(l''_p)$ 同时成立时，必然可推得 $\tilde{V}_k(l'_p,1) > \tilde{V}_k(l''_p,1)$。这是因为在公式（5－40）构成 $\tilde{V}_k(l_p,1)$ 的凸组合函数中，$\tilde{V}_k(l'_p,1)$ 给予了较大的项目 $\tilde{V}_{k+1}(l'_p,1)$ 以更大的权重 $(n-k)\tilde{x}_{k+1}^*(l'_p)$。逆向递推可知，此时必有 $\tilde{x}_k^*(l'_p) > \tilde{x}_k^*(l''_p)$ 成立。由此可知，如果存在唯一的 l_p^* 使 $\tilde{V}_s(l_p^*,1)$ 达到最大化，则 l_p^* 便是能够使同时 $\tilde{V}_k(l_p^*,1)$ 和 $\tilde{x}_k^*(l_p^*)$ 达到最大化水平的最优许可费率。

将公式5－53代入公式5－36可得到

$$\tilde{V}_s(l_p,1) = \frac{v}{r} + \frac{n-s}{s}\left[\frac{l_p}{r} - \frac{l_p}{\sqrt{r^2+(v-l_p)}}\right] \quad \text{（公式5－54）}$$

由公式5－54最大化一阶条件 $\frac{d\tilde{V}_s(l_p^*,1)}{dl_p^*} = \frac{n-s}{s}\left\{\frac{1}{r} - \frac{r^2+(v-\frac{l_p^*}{2})}{[r^2+(v-l_p^*)]^{\frac{3}{2}}}\right\} =$

0，求得在区间 (0, v) 内唯一的实根

$$l_p^* = v + \{\frac{r^4v}{2} - \frac{1}{6}(\frac{11r^2}{4} + 3v)(2r^4 + 5r^2v + 3v^2) + \frac{1}{27}(\frac{11r^2}{4} + 3v)^3 + [(\frac{5r^2v}{3} - \frac{1}{9}(\frac{11r^2}{4} + 3v)^2 + \frac{2r^4}{3} + v^2)^3 + (\frac{r^4v}{2} - \frac{1}{6}(\frac{11r^2}{4} + 3v)(2r^4 + 5r^2v + 3v^2) + \frac{1}{27}(\frac{11r^2}{4} + 3v)^3 + \frac{v^3}{2} + r^2v^2)^2]^{\frac{1}{2}} + \frac{v^3}{2} + r^2v^2\}^{\frac{1}{3}} + \frac{11r^2}{12} - [\frac{5r^2v}{3} - \frac{1}{9}(\frac{11r^2}{4} + 3v)^2 + \frac{2r^4}{3} + v^2]/\{\frac{r^4v}{2} - \frac{1}{6}(\frac{11r^2}{4} + 3v)(2r^4 + 5r^2v + 3v^2) + \frac{1}{27}(\frac{11r^2}{4} + 3v)^3 + [(\frac{5r^2v}{3} - \frac{1}{9}(\frac{11r^2}{4} + 3v)^2 + \frac{2r^4}{3} + v^2)^3 + (\frac{r^4v}{2} - \frac{1}{6}(\frac{11r^2}{4} + 3v)(2r^4 + 5r^2v + 3v^2) + \frac{1}{27}(\frac{11r^2}{4} + 3v)^3 + \frac{v^3}{2} + r^2v^2)^2]^{\frac{1}{2}} + \frac{v^3}{2} + r^2v^2\}^{\frac{1}{3}}$$

（公式 5 – 55）

且在 (0, v) 的区间内，$\frac{d^2\tilde{V}_s(1)}{dl_p^{\ 2}} = -\frac{n-s}{s}\frac{r^2 + (v + \frac{1}{2}l_p)}{[r^2 + (v - l_p)]^{\frac{5}{2}}} < -\frac{n-s}{s}[r^2 + (v - l_p)]^{-\frac{3}{2}} < 0$，二阶条件满足最大化要求。

l_p^* 可视为公平、合理、无歧视（FRAND）的许可费率概念的一个上限。由于高于 l_p^* 的许可费率不会给联盟成员带来更多预期利润，不仅不合理地抑制了潜在被许可者的创新，而且使联盟潜在成员在联盟形成前的研发动机下降。因此，高于此上限的许可费率可能隐含了不正当的抑制创新的企业策略性行为，应加强对其反垄断审查。

图 5 – 7 直观的描述了命题 5 – 5、命题 5 – 6 所述的许可费率对各阶段研发投资的影响。

5.2.3.2　联盟规模

在其他条件不变的情况下分析联盟规模对各阶段研发投资的影响。设函数 $\tilde{V}_k(s,1)$ 和 $\tilde{V}_k(s,0)$ 分别为当联盟规模为 s 时，第 k 项专利和相对应研发项目的价值，相应的研发投资强度为 $\tilde{x}_k(s)$。设两个不同联盟规模 $\bar{s} > \underline{s}$。从联盟成立后的视角（$k > \underline{s}$）比较各阶段创新投资结果如命题 5 – 7 所述。

命题 5 – 7：从联盟成立后的视角看，对不同联盟规模 $\bar{s} > \underline{s}$，均衡研发投

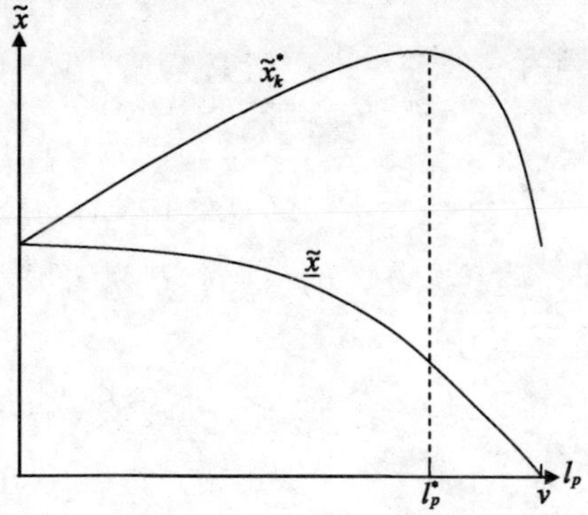

图5-7　联盟许可费率对各阶段研发投资的影响

资水平满足：当 $k > \bar{s}$ 时，$\tilde{x}_k(\bar{s}) = \tilde{x}_k(\underline{s}) = \underline{\tilde{x}}$；当 $\bar{s} \geqslant k > \underline{s}$ 时，$\tilde{x}_k(\bar{s}) > \tilde{x}_k(\underline{s}) = \underline{\tilde{x}}$。

命题5-7可直接由命题5-4引申得出。一方面，该命题说明作为被许可者，联盟成立后各企业的研发投资水平不会受联盟规模的影响，这是因为许可费率并不随联盟规模而变化。另一方面，该命题说明规模较大的联盟可以提供更多加入的机会，激励研发投资的作用更为持久。

从联盟成立后的视角（$k \leqslant \underline{s}$）比较各阶段创新投资结果如下命题5-8所述。

命题5-8：从联盟成立后的视角看，对不同联盟规模 $\bar{s} > \underline{s}$，均衡研发投资水平满足 $\tilde{x}_{\underline{s}}(\underline{s}) > \tilde{x}_{\bar{s}}(\bar{s})$；且当 $k \leqslant \underline{s}$ 时，$\tilde{x}_k(\underline{s}) > \tilde{x}_k(\bar{s})$。

根据公式5-36可知，$\tilde{V}_s(s,1)$ 是关于 s 的减函数，因此必然有 $\tilde{V}_{\underline{s}}(\underline{s},1) > \tilde{V}_{\bar{s}}(\bar{s},1)$。由公式5-38可得，$\tilde{V}_{\bar{s}}(\bar{s},1) = \tilde{V}_{\bar{s}}(\bar{s},0) + 2\tilde{x}^*_{\bar{s}}(\bar{s})$，$\tilde{V}_{\underline{s}}(\underline{s},1) = \tilde{V}_{\underline{s}}(\underline{s},0) + 2\tilde{x}^*_{\underline{s}}(\underline{s})$。由于具有越大价值的项目投资越多，即 $\tilde{V}_k(s,0)$ 和 $\tilde{x}^*_k(s)$ 是同向变动的，并且都大于0，由此推得 $\tilde{x}^*_{\underline{s}}(\underline{s}) > \tilde{x}^*_{\bar{s}}(\bar{s})$，即较小联盟情况下的最高均衡研发投资水平高于较大联盟的情况。

根据命题5-4，$\tilde{x}_k(s)$ 随 k 递增，因此 $\tilde{x}^*_{\bar{s}}(\bar{s}) > \tilde{x}^*_{\underline{s}}(s)$，并结合上一推导可得 $\tilde{x}^*_{\underline{s}}(\underline{s}) > \tilde{x}^*_{\underline{s}}(\bar{s})$。由辅助命题5-4，有 $\tilde{V}_{\bar{s}}(\bar{s},1) > \tilde{V}_{\underline{s}}(\bar{s},1)$，则进一步可推得 $\tilde{V}_{\underline{s}}(\underline{s},1) > \tilde{V}_{\underline{s}}(\bar{s},1)$。根据公式5-40及辅助命题5-4可知，如果条

件 $\tilde{V}_{k+1}(\underline{s},1) > \tilde{V}_{k+1}(\bar{s},1)$ 与 $\tilde{x}^*_{k+1}(\underline{s}) > \tilde{x}^*_{k+1}(\bar{s})$ 同时成立，必然可推得 $\tilde{V}_k(\underline{s},1) > \tilde{V}_k(\bar{s},1)$。这是因为在公式 5-40 构成 $\tilde{V}_k(s,1)$ 的凸组合函数中，$\tilde{V}_k(s,1)$ 给予较大的项目 $\tilde{V}_{k+1}(\underline{s},1)$ 以更大的权重 $(n-k)\tilde{x}^*_{k+1}(\underline{s})$。逆向递推可知，$k \leqslant \underline{s}$ 时必有 $\tilde{x}^*_k(\underline{s}) > \tilde{x}^*_k(\bar{s})$ 成立。即联盟未形成时，较小联盟情况下每阶段的均衡研发投资水平都高于较大联盟的情况。命题 5-8 说明，较小联盟对企业研发投资的激励效应更强力。

图 5-8 直观描述了命题 5-7、命题 5-8 所阐述的联盟规模对各阶段研发投资的影响。

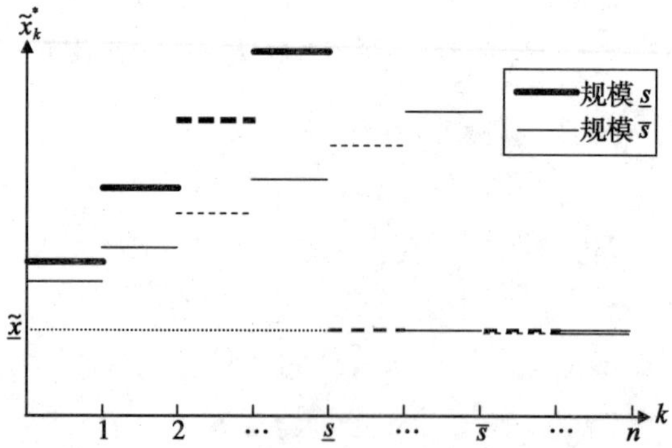

图 5-8　联盟规模对各阶段研发投资影响

5.3　本章结论

本章 5.1 节分析了专利联盟的序贯创新效应。研究结果表明：①不受专利关系影响，专利联盟总有创新激励作用，能提高序贯专利竞赛中各阶段研发强度；②专利联盟会抑制领先者垄断市场的动机，并提高外部参与者的研发积极性，由此防止技术垄断；③当联盟中专利的互补性足够高时，专利联盟提高长期社会福利，当联盟中专利的替代性足够高时，专利联盟降低长期社会福利。

上述结论有一定局限性。①为使均衡易得，本章对市场结构做了严格限制，尤其是相关专利数量仅为两项与现实差距较大，结果有待于向更多专利的普遍情况推广。②为使结果易分析，本章简单假设各阶段研发边际成本和利率非常小，并由此省略对它们的分析。后续研究中对这些因素的考虑是非常必要的。

本章 5.2 节分析了专利联盟的累进创新效应。研究结果表明：①联盟的存在解决了专利丛林问题，在联盟形成前使各企业均衡投资水平逐渐提高，并在联盟形成后使企业保持稳定的研发投资动机；②许可费率越高（低）则被许可企业的均衡研发投资水平越低（高），而联盟存在一个最优许可费率，使成员专利价值和研发投资最大化；③规模较大的联盟对潜在成员的研发激励效果更持久，而规模较小的联盟激励效果更为强力。

上述结论有一定局限性。①为使均衡易得，本章的研究对企业行为做了较严格限制，尤其在无联盟情况下专利许可费率对称假设与现实差距较大，结果有待于向许可费率非对称的普遍情况推广。②为使结果易分析，本章的研究未考虑联盟与被许可企业间的讨价还价。后续研究对这些因素的深入分析是非常必要的。

第 6 章　专利联盟形成的条件与机制

当前专利联盟受到各国普遍重视，许多西方发达国家对专利联盟采取了“善待”的政策。如美国 1995 年发布的《知识产权许可的反垄断指南》，欧盟 1996 年发布的《技术转让协议集体适用欧共体条约第 81 条第 3 款的第 240/96 号条例》，日本于 2005 年发布的《标准化进程中的专利联盟规范意见》，都体现了推动本国企业组建和实施专利联盟的意愿。科斯定理认为：“如果不存在交易成本，则无论分离产权如何界定，个体间的讨价还价总能导致资源配置的帕累托有效，产权界定形式只影响个体间的收入分配”。因此从理论上讲，如果不受相关法规限制，相关专利权人总有动机建立联盟来优化整体利润，许多经典文献的模型也据此假设专利联盟是外生的[2,8,13]。

但在实际中，利好政策并未有效刺激专利联盟发展，所谓专利联盟的“形成困境（coalition dilemma）”问题非常严重，主要反映在以下几个方面。一是近年来成功组成的专利联盟数量却很少[8]，据相关调查显示，20 世纪 90 年代至今仅有 21 家重要的专利联盟成立[5]，其中一些还不是真正意义上的专利联盟[110]，这与政策制定者的期望及学者们的预测相差甚远。二是一些联盟是不完整的，即未包含用于某项技术或标准的全部基本专利[15]。当前专利联盟的规模普遍较小，平均成员数仅为 7.1 个，与技术复杂化的趋势不协调[39]。在同一技术领域还有多个独立联盟并存的情况，如 DVD 产业中存在 3C、6C 两个联盟。三是一些筹建中的联盟由于专利权人为利润分配争论不休而延迟成立，还有一些重要的专利权人试图由阻碍联盟获取更高收益[1]。例如掌握 3G 通信重要基础专利的诺基亚、高通、爱立信和摩托罗拉等公司参与 3G 标准制定，却拒不加入并“挟持”3GPP 等联盟[111]。

为提升我国高新技术产业竞争力，我国政府及企业也开始重视以专利联盟为基础的新兴产业发展及其技术标准的培育，积极筹划和组建专利联盟。尽管我国实施专利联盟体制只是近几年的事，但专利联盟形成的困境也已出现。例如，在组建基于TD－SCDMA标准的3G专利联盟过程中，在联盟外掌握TD编码技术的高通公司一度宣称要对该技术收取高额专利费用，试图滥用其技术垄断优势阻碍TD－SCDMA联盟。由此可预见，随着专利联盟在我国的发展，其形成困境也必将逐渐凸现出来。

本章将分别从分析问题和解决问题两个角度研究专利联盟的形成困境。其一，从专利权人的有限理性和重复博弈角度出发分析了专利联盟的形成，分别建立对称与非对称专利联盟形成的进化博弈模型，得到不同条件下的进化稳定策略，并探讨了影响联盟形成的条件和因素。其二，将专利联盟纳入公共产品的范畴分析，给出了一个联盟“形成困境”问题的解决方案。首先，从本质和技术界定两个层面分析了专利联盟的公共产品属性；其次，设计了一个G－C机制，使专利联盟在有效率的前提下形成；最后，引入Clarke税以抵消政府的高额补贴支出，或惩罚垄断专利权人。

6.1　基于进化博弈的专利联盟形成

以往专利联盟形成困境研究有两方面局限。其一是其模型都以厂商的完全理性为基础。但技术发展趋势、新生市场需求及相应的策略互动往往充满不确定性并难以预测，专利权人对此很难完全把握，因此有限理性模型的解释力更强。其二是受以往静态市场效率研究框架的影响，这些模型多为一次性博弈。而国际上对专利的保护期限很长（发明专利一般在20年以上），且很多专利在到期后仍可延长，多数情况下专利权人不能准确预计博弈结束时间，因此无限重复博弈模型更加符合现实。基于上述两方面原因，本节通过有限理性的进化博弈模型探讨了专利联盟的形成。专利联盟形成的博弈过程，类似于由学习速度较慢个体（专利权人）组成的大群体的随机配对的反复博弈，其策略的调整过程可用“选择策略—进化—选择新策略—再进化”的复制动态机制拟合。并以进化稳定策略（Evolutionary Stable Strategies，ESS）描述长期演化的趋势。

6.1.1 对称专利联盟的形成

对称专利联盟的本质可视为专利权人旨在标准推广和培育市场的联合降价协议[3]。但这种协议是缺乏约束力的，因此可视为随机发生的共谋。例如电子器件工程联合会成员 Rambus 公司，于 1996 年开发原有专利新用途并延伸了保护期限，该专利在实质上阻碍了由联合会设置的动态半导体存储器标准。Rambus 随即从联合会中退出，并在相关诉讼中获胜。

我们由此假设，有一大群有限理性的专利权人各拥有一项对称专利，这些专利的关系是两两互补的，他们进行随机配对重复联盟形成博弈。各专利权人的策略选择为两种许可定价：低价或高价。每次博弈双方的得益矩阵如图 6－1所示。当两方同时选择高价策略时，市场上出现双重边际，博弈双方同时得到利润 d；当两方同时选择低价策略时，专利联盟形成，双方同时获得利润 a；当一方选择低价而另一方选择高价策略时，选择高价策略的一方获得较高利润 c，被阻碍一方获得较低利润 b；此时有 a＞b，a＞d，c＞b，c＞d。

		博弈方 I 低价	博弈方 I 高价
博弈方 II	低价	a, a	b, c
	高价	c, b	d, d

图 6－1 对称联盟形成博弈的收益矩阵

如果将博弈方采用的不同策略视为其类型，那么他们的类型不是固定的，而是随着博弈方策略改变。一般地，设整个群体中“低价”类型专利权人的比例为 x，“高价”类型专利权人的比例为 1－x。由于群体很大，x 与 1－x 也是一个专利权人在博弈中遇到不同类型对手的概率。结合图 6－1 收益矩阵，两类专利权人的期望得益 π_L、π_H 和群体平均得益 $\bar{\pi}$ 分别为

$$\begin{aligned} \pi_L &= xa + (1-x)b \\ \pi_H &= xc + (1-x)d \\ \bar{\pi} &= x\pi_L + (1-x)\pi_H = \\ &x^2(a-b-c+d) + x(b+c-2d) + d \end{aligned} \qquad \text{（公式 6－1）}$$

博弈方类型动态变化的速度取决于两个因素，即可模仿对象数量的大小（该类型博弈方的比例）和模仿对象的成功程度（该类型博弈方得益超过整体平均得益的幅度），由此采用低价策略的博弈方动态变化速度可用动态微分方程即公式6-2表示，其中t为时间参量。

$$\frac{dx}{dt} = x(\pi_L - \bar{\pi}) = x[(1-x)\pi_L - (1-x)\pi_H] = x(1-x)[x(a-c)+(1-x)(b-d)] \quad \text{（公式6-2）}$$

参数a与c，及b与d的大小关系，决定着该博弈均衡的状态。如果a>c，则一方阻碍对方也会使自身遭受损失；相反如a<c，则一方可通过阻碍对方获利。如果b>d，即便受到对方阻碍，一方也可由降低价格获利；相反如b<d，则当受到对方阻碍时，一方降低价格则会受到损失。给参数a、b、c、d赋值后，公式6-2复制动态方程成为x的单元函数，可简记为$\frac{dx}{dt} = F(x)$。根据ESS的复制动态稳定性和对微小扰动稳健的要求，x^*成为该博弈ESS的充要条件为：$F(x^*) = 0$且$F'(x^*) = (a-c)(2x-3x^2) + (b-d)(1-4x+3x^2) < 0$。根据$F(x) = 0$，该复制动态最多有三个稳定状态，分别为$x_1 = 0$、$x_2 = 1$和$x_3 = \frac{d-b}{a-b-c+d}$。其中$x_3$可能与$x_1$或$x_2$中任意一个相同，因此实际可能只有两个稳定状态。

如果a<c和b<d，则有c>a>d>b，此时该博弈有唯一ESS$x^* = 0$。即所有专利权人在长期都会选择高价策略，双重边际的情况无法避免，专利联盟不会形成。此时的复制动态相位如图6-2（a）所示。如果a>c和b>d，则有a>c>b>d，此时该博弈有唯一ESS$x^* = 1$。即专利权人在长期都会选择低价策略，专利联盟形成概率趋近1。此时的复制动态相位如图6-2（b）所示。如果a<c和b>d，则有c>a>b>d，此时该博弈有唯一ESS$x^* = \frac{(d-b)}{(a-c)+(d-b)}$。即专利权人在长期选择低价策略的比例为$\frac{(d-b)}{(a-c)+(d-b)}$，选择高价策略的比例为$\frac{(a-c)}{(a-c)+(d-b)}$，联盟形成的

概率为 $\frac{(d-b)^2}{[(a-c)+(d-b)]^2}$。此时的复制动态相位如图 6－2（c）所示。如果 a＞c 和 b＜d，则有 a＞c＞d＞b，此时该博弈有两个 ESS$x_1^*=0$ 和 $x_2^*=1$。博弈结果取决于 x 的初始位置，如果 x 初始位于区间 $[0,\frac{(d-b)}{(a-c)+(d-b)}]$ 则将收敛到 $x_1^*=0$，相反如果 x 初始位于区间 $[\frac{(d-b)}{(a-c)+(d-b)},1]$ 则将收敛到 $x_2^*=1$。此时的复制动态相位如图 6－2（d）所示。需要说明的是，分析中排除了 a＝c 及 b＝d 的特殊情况，因为在这些情况下该博弈的 ESS 可能不存在。

由上述 ESS 可知，从不可控市场环境方面看，a 与 c 的大小可解释为由一组专利整体在中、低价格区间的市场需求弹性，主要受外部市场竞争激烈程度的影响。如果 a＞c，则市场竞争较强，导致专利在此价格区间的需求弹性较大；反之则竞争较弱而弹性较小。而 b 与 d 的大小可解释为一组专利整体在高、中价格区间的市场需求弹性，主要受独创性、新颖性和实用性等专利内在价值（或质量）的影响。如果 b＞d，则专利质量较低，在此价格区间的需求弹性较大；反之则质量较高而弹性较小。由此可见，高需求弹性会提高专利联盟形成的可能，而低需求弹性会使联盟形成更加困难。这可用于解释为什么在如 DVD 等新兴市场（或产业）上，即便专利丛林问题已非常严重，专利联盟往往也很难形成，只有当市场逐渐趋于成熟时联盟才会出现。当一个市场刚刚兴起，专利化技术往往具有很强的新颖性而内在价值很高，且能够与之竞争的技术尚未出现，因此需求具有较强的刚性，不具备专利联盟形成的条件。而当该市场趋于成熟，对原技术需求最强的用户已经购买完毕，且竞争性甚至替代性的技术已经出现，原技术内在价值降低且面临较大竞争压力，因此需求具有较大的弹性，专利联盟形成的条件得以满足。

但是，即便市场特征已经满足专利联盟形成的条件，联盟仍需较长的过程才能形成。以图 6－2（b）为例易观察到，如果各专利权人初始都选择高价策略，则 $F(x)$ 很小，只有经历一个时期后才会变大。因此专利权人从“高价”向“低价”类型的转化需要较长的过程，而联盟在此过程中形成的可能仍较小。这也解释了自 1997 年以来的十余年时间里，虽然世界各国都放松对专利

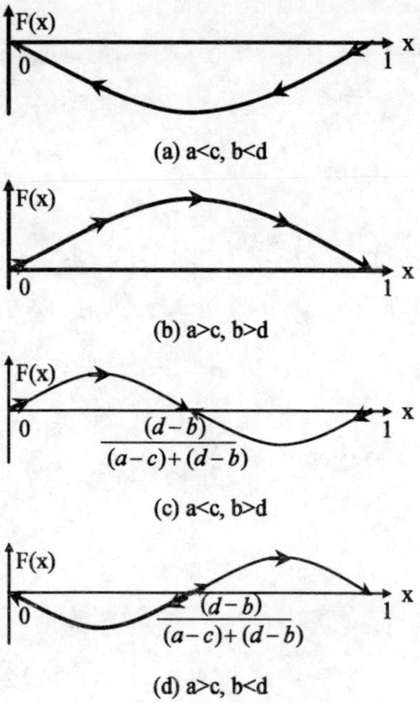

图6－2　对称进化博弈复制动态方程相位图

联盟的管制并加以鼓励，但新成立的联盟却很少。由此可见，虽然专利联盟被视为专利丛林问题的“最直接解决方案[2]”，但它并非该问题出现后理想的“事后救济”措施，因为问题出现的同时已阻止了该解决方案生效。一些学者将专利联盟作为专利丛林问题的“事前预防”措施来研究，试图令解决方案产生在问题出现之前，并取得了相对理想的结果——如果能使专利权人在事实标准形成之前做出有约束力的承诺，专利联盟形成的可能性将大大增加[28,32]。因此在市场刚刚兴起阶段，如果能培育一定数量有组建联盟的意向的低价类型专利权人，将产生一种“示范作用”，对联盟形成具有重要意义。

从可控的政策方面看，提高a、b，及降低c、d的参数值，即提高低价专利权人的利润，降低高价专利权人的利润，将提高联盟形成的可能性。首先，可通过税收政策促进专利联盟形成。如对高价许可的专利征收超额累进流转税，而对低价许可的专利给予补贴。其次，可通过反垄断法规进行调整。完善相关法规，将高价许可甚至拒绝许可的专利权人作为重点审查对象，并放宽强制许可等严厉判罚的适用范围。再次，建立更加完善的披露机制抑制信息不对称，使专利用户获得更完善的质量和价格信息，令低价专利相对于高价专利有更强的市场竞争力。最后，在制定正式行业标准的过程中，优先选用低价许可的专利，使低价类型的专利权人的收益得到长期保障。

6.1.2 非对称专利联盟的形成

现实中，专利权人往往具有很多不同特征而非完全对称，而其中最受学者们关注的是专业 R&D 企业（简称 R 企业）与纵向一体化企业（简称 V 企业）的区别。R 企业仅在上游市场从事专利许可，而 V 企业既在上游市场从事专利许可，又在下游市场利用上游专利从事产品生产。成员仅包含 R 企业或仅包含 V 企业的联盟是对称的情况，而同时有 R 企业成员与 V 企业成员的联盟是非对称的。

将博弈方划分为两个群体，即企业群体 R 和企业群体 V。并反复在两个群体中各随机抽取一个成员配对进行博弈。博弈方的学习和策略模仿限于其所在的群体内部，据此分别对两类群体进行复制动态和进化稳定策略分析。两类博弈方的策略选择仍为高价或低价。一次博弈中双方的得益矩阵如图 6－3 所示。当两方同时选择高价策略时，上下游市场都是垄断的，R 企业在上游获得垄断许可利润 δ，V 企业在下游获得垄断生产利润 m_4，下游垄断利润小于上游；当两方同时选择低价策略时联盟形成，双方都将获得联盟许可利润 α，且 V 企业还可获下游竞争利润 m_1；当一方选择低价策略，另一方选择高价策略，选择高价策略一方得较高利润 γ，选择低价策略一方获较低利润 β，且 V 企业阻碍 R 企业时还获得较高寡头生产利润 m_3，被阻碍时获得较低寡头利润 m_2；此时有 $m_4 > m_3 > m_2 > m_1$，及 $\delta > \alpha$，$\gamma > \beta$。

		博弈方 V	
		低价	高价
博弈方R	低价	α，$\alpha + m_1$	β，$\gamma + m_3$
	高价	γ，$\beta + m_2$	δ，m_4

图 6－3 非对称联盟形成博弈的收益矩阵

设 R 企业群体中“低价”类型专利权人的比例为 x，“高价”类型专利权人的比例为 1－x。V 企业群体中“低价”类型专利权人的比例为 y，“高价”

类型专利权人的比例为1-y。结合图6-3收益矩阵，R企业选择不同策略的期望得益 π_{RL}、π_{RH} 和群体平均得益 $\bar{\pi}_R$ 分别为

$$\pi_{RL} = y\alpha + (1-y)\beta$$

$$\pi_{RH} = y\gamma + (1-y)\delta$$

（公式6-3）

$$\bar{\pi}_R = x\pi_{RL} + (1-x)\pi_{RH} =$$

$$xy(\alpha-\beta-\gamma+\delta) + x(\beta-\delta) + y(\gamma-\delta) + \delta$$

V企业选择不同策略的期望得益 π_{VL}、π_{VH} 和群体平均得益 $\bar{\pi}_V$ 分别为

$$\pi_{VL} = x(\alpha+m_1) + (1-x)(\beta+m_2)$$

$$\pi_{VH} = x(\gamma+m_3) + (1-x)m_4$$

$$\bar{\pi}_V = y\pi_{VL} + (1-y)\pi_{VH}$$

（公式6-4）

$$xy(\alpha-\beta-\gamma+m_4-m_3-m_2+m_1) +$$

$$x(\gamma+m_3-m_4) + y(\beta+m_2-m_4) + m_4$$

各博弈方“类型”动态变化的速度取决于两个因素，即可模仿对象数量的大小（该类型在本群体内博弈方的比例）和模仿对象的成功程度（该类型成员收益超过群体内平均收益的幅度），由此采用低价策略的R企业和V企业动态变化速度分别如公式6-5、公式6-6所示。

$$\frac{dx}{dt} = x(\pi_{RL} - \bar{\pi}_R) =$$

（公式6-5）

$$x(1-x)[\pi_{RL} - \pi_{RH}] =$$

$$x(1-x)[y(\alpha-\beta) + (1-y)(\beta-\delta)]$$

$$\frac{dy}{dt} = y(\pi_{VL} - \bar{\pi}_V) =$$

$$y(1-y)[\pi_{VL} - \pi_{VH}] =$$

$$y(1-y)[x(\alpha-\gamma+m_1-m_3) + (1-x)(\beta+m_2-m_4)]$$

（公式6-6）

由于非对称进化博弈仅存在纯策略均衡[19]，因此可分别分析该博弈可能出现的四个ESS。$x^* = 1$，$y^* = 1$，即专利联盟形成并成为该博弈ESS的充要条件是 $\alpha-\gamma+m_1-m_3>0$。$x^* = 0$，$y^* = 0$，即上下游同为垄断成为ESS的充要条件是 $\beta+m_2-m_4<0$。并且，上述两个ESS的成立条件是相容的，即

它们可能同时成为原博弈的 ESS，它们同时成立时复制动态相位联合表示如图 6－4（a)所示。$x^* = 0$，$y^* = 1$，即 R 企业阻碍 V 企业并由此妨碍联盟形成，成为 ESS 的充要条件是 $\alpha - \gamma < 0$ 且 $\beta + m_2 - m_4 > 0$。该条件与上述两个 ESS 任意一个成立的条件是互斥的，即它们不可能同时成为原博弈的 ESS，当它成立时复制动态相位如图 6－4（b）所示。$x^* = 1$，$y^* = 0$，即 V 企业阻碍 R 企业并最终妨碍联盟形成成为该博弈 ESS 的充要条件是 $\beta - \delta > 0$ 且 $\alpha - \gamma + m_1 - m_3 < 0$。但由于已知 $b < d$，因此条件不会成立，即 V 企业无此动机，此情况不会发生。

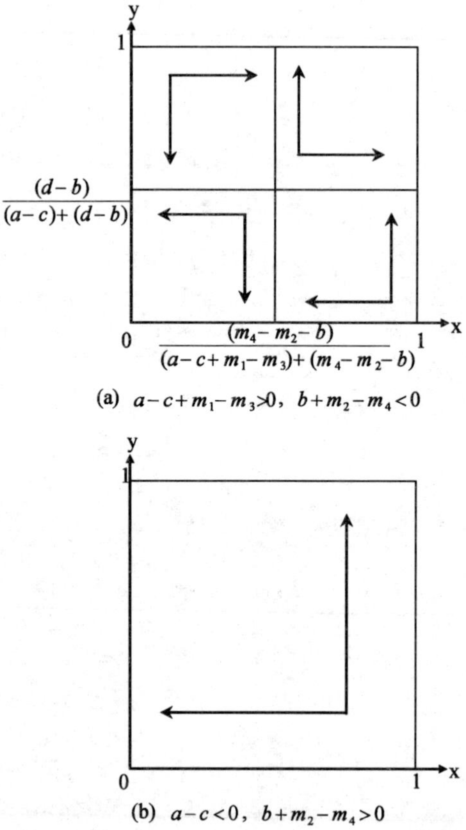

图 6－4　非对称进化博弈复制动态方程相位图

由上述 ESS 可知，就上游市场专利许可看，对称博弈 ESS 的一些性质在非对称博弈中仍然成立。即非对称专利联盟在高弹性市场中形成的可能性较大，且提高“低价”专利权人的许可收益，降低“高价”专利权人的许可收益，仍可促进联盟形成。

就下游市场的生产利润来看，m_4-m_2 是在 R 企业为高价策略的前提下，V 企业实施高价与低价许可策略时生产利润的差距，由于此差距是由 V 企业下游垄断地位形成的，可将其命名“垄断优势”。m_3-m_1 是在 R 企业为低价策略的前提下，V 企业实施高价与低价许可策略时生产利润的差距，由于此差距是由 V 企业对下游市场的控制形成的，可将其命名“控制优势”。当上述两方面优势很强时联盟很难形成，而当它们较弱时联盟形成的可能较大。同时注意到，这两方面优势都是由上游专利的法定垄断权，而非不正当竞争形成的，因此受反垄断法规的调整很有限，而受市场竞争环境的影响较大。当下游存在不使用原专利生产差异化竞争产品，V 企业对下游产品的垄断及控制优势将会大幅度减小，也就更可能采用低价许可策略。因此在市场上鼓励新的竞争者进入，促进产业成熟，将有利于专利联盟形成。由此可知，专利联盟是产业成熟到一定程度的产物，而它的形成则会促进产业进一步成熟。

比较模型中不同类型企业的动机可发现，较之 V 企业，R 企业有更强的动机制定高价策略，以阻碍 V 企业或垄断上游市场，并最终导致联盟无法形成，因此加强对 R 企业的反垄断审查和规制是必要的。由于 ESS 本身是对纳什均衡的精炼[112-113]，这一结果表明由成员企业利润结构不同导致的联盟“谈判失败”[28]问题对博弈方理性局限和多次重复的干扰具有鲁棒性。同时，该结果对文献[32]“相对 V 企业，R 企业更倾向不加入联盟”这一显著成立的实证结论进行了进一步阐释，说明了该现象存在的普遍性。为解决此问题，首先联盟的许可收益分配应更多向 R 企业倾斜，弥补其缺失的生产利润并鼓励其加入，许多已有研究也认为此方案是有效的[28-30,32]。其次应鼓励 R 企业纵向一体化发展，即向 V 企业转化。当前，国际上最主要专利联盟的成员和最具影响力的跨国公司多是 V 企业，专利联盟在 V 企业间更容易形成，也说明 V 企业是一种更高级企业组织形式。因此积极鼓励 R 企业的业务范围向下游产品市场扩展，可促进联盟形成。

6.2 基于公共产品供给视角的专利联盟形成机制

虽然专利联盟形成困境已经引起关注，但是现阶段研究侧重对现象的揭示与解释，而对解决方案的讨论非常有限。而且在缺少外部干预的情况下，各专利权人在合作与非合作博弈的框架下都难以达成内生的联盟协议。相对应的，各国政府缺少行之有效的政策促进专利联盟形成，如公平、合理、非歧视（FRAND）等普遍指导原则也被证明是无效的[31,39]。针对该现状，本节基于专利联盟的公共产品属性引入政府干预机制，解决联盟形成困境问题。

6.2.1 专利联盟的公共产品属性分析

以往学者们对公共产品的研究，可划分为本质和技术界定两个层面。本质层面研究通常从国防、教育和医疗等现实的公共产品中“归纳”其根本特征，并重点描述公共产品提供在社会生活中的重要性。技术界定层面的研究则从供给不足的普遍问题中“抽象”公共产品一般特征，并侧重讨论导致该问题的根源。专利联盟的公共产品属性也可从上述两个层面分析。

6.2.1.1 本质层面分析

从本质上看，公共产品是满足社会共同需要的产品，即公共产品的产生源于社会公众的共同需要。大卫·休谟指出，某些物品对某个体并没有多大好处，但对于整个社会却有很大好处，因此只能通过集体行动来提供，这些物品即是公共产品。恩德勒（2002）将公共产品的本质属性表述为“社会和个人生活以及追求经济活动可能性的条件[115]”。进一步，如果某物品的提供能够在一般均衡的基础上提供一个帕累托改进机会，即至少使部分社会成员福利水平得到提高的同时，不会降低其他成员福利水平，那么该物品符合公共产品的本质属性。基于 Shapiro（2001）对专利丛林问题的讨论[2]，可展示专利联盟符合公共产品的本质属性——有专利联盟存在的市场将产生帕累托改进，各专利权人利润及消费者剩余同时得到提高。

首先引入基本模型框架。假设上游 n 家公司，每家拥有一项生产特定产品所必需的基本专利，并向下游许可，专利许可不产生成本。下游生产商必需购

买全部 n 项专利的许可才能生产该产品，与专利许可无关的边际生产成本固定为 α ，且下游市场完全竞争。产品价格为 P 时，对其需求由函数 $D(P)$ 表示，它满足 $D' < 0$ 及 $D' + PD'' \leqslant 0$ 。且由于 n 项专利都是基本的，$D(P)$ 也表示对这些专利整体以及其中任意一项许可的需求量。需求价格弹性绝对值可表示为 $\varepsilon = -D'(P)P/D(P)$ 。

在无专利联盟的情况下，上游 n 家公司将进行价格博弈，公司 $i = 1, 2, \cdots, n$ 独立非合作设置各自线性许可价格 p_i ，即求解最优许可价格的纳什均衡 $\{p_1^*, p_2^*, \cdots, p_n^*\}$ 。下游完全竞争保证了此时产品价格 $P^N = \alpha + \sum_{i=1}^{n} p_i$ 。在此情况下，公司 i 利润 $\pi_i = D(P^N)p_i$ ，其最大化一阶条件为 $\frac{d\pi_i}{dp_i} = D(P^N) + D'(P^N)p_i = 0$ 。将此 n 家公司利润最大化的一阶条件加总可得到 $nD(P^N) + D'(P^N)\sum_{i=1}^{n} p_i = 0$ ，基于 P^N 及 ε 的表达公式对该公式整理可得到 $\frac{P^N - \alpha}{P^N} = \frac{n}{\varepsilon}$。即在无联盟情况下，产品价格高出成本的涨幅是需求弹性倒数的 n 倍，市场为多重垄断状态。在有专利联盟的情况下，将由联盟制定全部 n 项专利的打包许可价格 p ，即求解打包许可利润最大化许可价格 p^* 。则此时产品价格 $P^P = \alpha + p$ 。联盟打包许可利润 $\pi^P = D(P^P)p$ ，其最大化一阶条件为 $\frac{d\pi^P}{dp} = D(P^P) + D'(P^P)p = 0$ ，对该条件移项整理可到 $\frac{P^P - \alpha}{P^P} = \frac{1}{\varepsilon}$ 。显然，在有联盟情况下产品价格的涨幅为需求弹性倒数，市场为标准垄断状态。

比较有无专利联盟情况下各公司利润及产品价格。在无联盟情况下，n 家公司利润之和 $\pi^N = D(P^N)\sum_{i=1}^{n} p_i = D(P^N)(P^N - \alpha)$ ，根据此时各公司利润最大化的一阶条件及 $D' < 0$ 可得 $\frac{d\pi^N}{dP^N} = D'(P^N)(P^N - \alpha) + D(P^N) = D'(P^N)\sum_{i=2}^{n} p_i^* < 0$ 。在有联盟情况下，联盟打包许可利润即为各公司的总利润，即 $\pi^P = D(P^P)p = D(P^P)(P^P - \alpha)$ 。根据联盟利润最大化一阶条件，有 $\frac{d\pi^P}{dP^P} = D'(P^P)(P^N - \alpha) + D(P^N) = D'(P^P)p^* + D(P^N) = 0$ 。由此可知，有联盟时各公司利润总和达到最优，而无联盟情况各公司利润总和未达到最优，

因此 $\pi^P > \pi^N$ 。当联盟在各成员间平分利润，各公司在有联盟情况下利润都大于无联盟情况。同时根据 $D' + PD'' \leqslant 0$ 及 $\frac{d\pi^N}{dP^N} < 0$ 可知，导致无联盟时各公司利润较低的原因是产品价格过高，那么专利联盟的存在降低了产品价格，也就提高了消费者剩余。

6.2.1.2 技术界定层面分析

按照 Samuelson（1954）的定义，公共产品具有非排他性和非竞争性两方面技术特征[115]。非排他性是指一项物品能够提供两个以上的消费者同时消费，非竞争性指对一项物品的消费不会减少该物品的社会总量或他人能够消费的数量。这两方面特征使得公共产品的供给与收益相分离。也就是说公共产品的供给会产生正的外部性，供给方无法将全部效用内化，因此理性个体更倾向消费他人的供给，而非自己提供公共产品。这种“搭便车”的动机会使公共产品供给不足，且随着个体数量的增加，公共产品供给不足情况会越发严重，此问题一直是公共产品研究的焦点。在直观上，专利联盟是非消耗品，而且会改变市场结构，即无论加入与否都会对所有相关专利权人产生影响，因此满足公共产品的技术特征。进一步，基于 Aoki 和 Nagaoka（2004）的讨论[28]，可展示由于“搭便车”动机，专利联盟一般无法形成。且随着专利权人数量增加，专利权人加入联盟的可能性会越来越小。

各公司拒不加入或脱离专利联盟的动机可由图 6－5 说明。假设专利权人的数量 $n \geqslant 3$ ，除一家公司以外，其他 $n-1$ 家公司结成了一个不完整的专利联盟，则此时市场参与人为一个专利联盟与一个外部专利权人。p_0 表示联盟设置的打包许可价格，p_1 表示外部专利权人设置的许可价格。由于专利是互补的，因此两方在许可价格设置上是战略替代的，反应曲线会向下倾斜。反应曲线 $R_0(p_1)$ 展示了联盟最优许可价格随外部专利权人许可价格变化的情况，它满足一阶条件 $D(p_0 + p_1 + \alpha) + p_0 D'(p_0 + p_1 + \alpha) = 0$ 。相似地，反应曲线 $R_1(p_0)$ 展示的是外部专利权人的最优许可价格随联盟许可价格变化的情况，它满足一阶条件 $D(p_0 + p_1 + \alpha) + p_1 D'(p_0 + p_1 + \alpha) = 0$ 。由于两方持有的专利都是基本的，因此与它们各自的持有的专利数量无关，两条反应曲线是对称的。两条反应曲线的交点 $N(p_1^*, p_0^*)$ 是一个纳什均衡，而且 $p_1^* = p_0^*$ ，联盟利润和外部专利权人利润也相等。π_1 为外部专利权人过点 N 的等利润线。如果该外部专利权人选择加入专利联盟，则联盟最优许可价格 p^* 将满足一阶条件 $D(p+\alpha)+pD'(p+\alpha)=0$，且显然有 $p^* < p_1^* + p_0^*$。而此外部专利权人成为联盟成员时，将获得联盟利润的 $1/n$，此时它的等利润曲线 π_1' 将通过直线 $p^* = p_1 + p_0$ 与 $p_1 = p^*/n$ 的交点 C。显然点 C 不符合此外部专利权人的最优反应，等利润线 π_1' 劣于 π_1。且随着 n 的增大，点 C 将沿着 $p^* = p_1 + p_0$ 向右下方移动。这表明，企业作为外部专利权人会获得更高利润，而加入联盟则导致利润显著下降，尤其当联盟成员数量较大时。因此，不加入或脱离联盟对所有专利权人都将是有利的单方行为，联盟是不稳定的，且专利权人数量的增加将加大联盟的不稳定性。

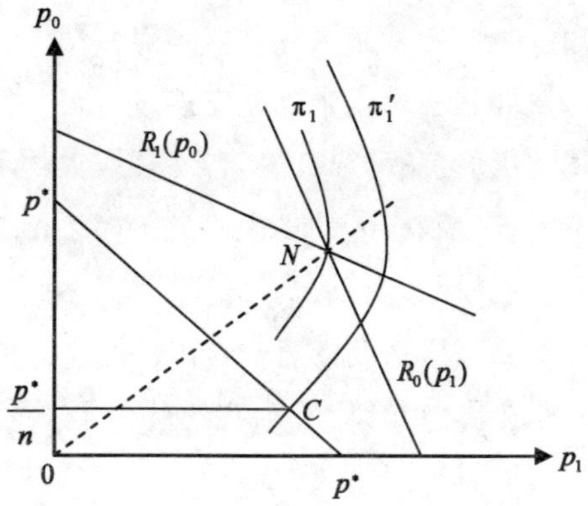

图 6－5　专利联盟与外部专利权人的许可价格

从本质和技术界定两个层面的属性分析表明，专利联盟可被视为一种公共产品。因此适用一般公共产品模型，解决专利联盟难以形成的市场失效问题。

6.2.2　专利联盟形成机制设计

根据新古典综合学派的国家干预理论，如果没有政府的介入，在市场经济条件下公共产品必然供给不足。而政府通过税收减免或发放津贴等政策资助公共产品的供给，则可使公共产品的供给达到帕累托有效的水平。因此政府通过适当政策可促进联盟形成，改善社会福利水平。但需注意的是，有效的专利保护能够鼓励研发活动，对专利权的任何侵犯都可能阻碍创新。因此政府的政策手段将受到一定限制，如强令专利权人加入联盟或实施国有化等直接干预，可能会造成更大的扭曲及动态效率损失。那么政府需要的是一个在公平、自愿的基础上鼓励相关专利权人加入专利联盟的有效机制。

6.2.2.1 G－C 机制

记一个专利联盟的总供给成本为 c，相关专利权人集合为 I，专利权人 $i \in I$ 从联盟中得到的保留价格为 r_i。如果 $\sum_{i \in I} r_i \geqslant c$，那么该联盟至少提供了一个帕累托改进的机会，可称它是帕累托改进的。反之如果 $\sum_{i \in I} r_i < c$，则可称该联盟是非帕累托改进的。如果一个联盟形成机制是有效的，那么它能使帕累托改进的联盟成立，且非帕累托改进的联盟不成立。

进一步，政府进行有效机制的设计，关键要知道各专利权人对联盟的偏好。或更直接地，要知道每个专利权人在联盟不存在情况下的收益，即它们的保留价格。但由于技术发展是一个复杂的动态演进过程，往往充满不确定性并难以预测。而且各专利的价值是有差异的，各专利权人的利润结构和战略规划也是不同的，保留价格是各专利权人的私人信息。如果不暴露真实保留价格能够获得更多收益，那么专利权人没有说真话的动机。因此政府在机制设计时需考虑获取这些私人信息，以支撑机制的有效性。

在 Groves－Clarke 需求显示原理[117－120]的基础上，可以针对专利联盟形成设计一个使专利权人自愿显示其真实保留价格，并且在公平自愿的基础上加入专利联盟的有效 G－C 机制。该机制由以下规则构成。

规则 1，规划披露规则。由政府设计一个共包含 n 名专利权人的专利联盟，并向所有潜在成员（记为集合 I），披露联盟成员名单、专利清单和联盟业务范围等设计的细节。这有助于潜在成员比较联盟存在与不存在两种情况下的收益，也就是预测自己的保留价格。

规则 2，盈余报告规则。政府要求向相关专利权人同时报告各自在联盟成立后的净盈余 $b = (b_1, \cdots, b_n)$。记在联盟的业务范围内，专利权人 $i \in I$ 无联盟时可获得的利润现值为 c_i，有联盟时利润现值为 r_i，则政府要求它报告的净盈余 $v_i = r_i - c_i$，当然专利权人可选择谎报。由于 v_i 是私人信息，且各专利权人同时报告，因此它们报告时不知道其他人的报告情况。

规则 3，联盟有效性规则。如果 $\sum_{i \in I} b_i \geqslant 0$ 则联盟成立，所有成员必须加入联盟。反之，如果 $\sum_{i \in I} b_i < 0$ ，则联盟不成立。

规则4，政府补贴规则。在联盟成立情况下，政府在 $\sum_{j \neq i} b_j \geqslant 0$ 时向专利权人 i 发放补贴 $\sum_{j \neq i} b_j$ 。相反，$\sum_{j \neq i} b_j < 0$ 时向它发放金额为负的补贴，即向它收取金额为 $\left| \sum_{j \neq i} b_j \right|$ 的税款。

在该机制下，专利权人 i 的支付函数为

$$\pi_i(b) = \begin{cases} v_i + \sum_{j \neq i} b_j & \text{当 } b_i + \sum_{j \neq i} b_j \geqslant 0 \\ 0 & \text{当 } b_i + \sum_{j \neq i} b_j < 0 \end{cases} \quad \text{（公式6-7）}$$

首先可以证明，该机制是一个能使所有专利权人“说实话”的机制。由公式6-7可知，专利权人 i 的报告值 b_i 影响联盟是否成立，但不影响它在联盟成立或不成立既定前提下的支付。因此专利权人 i 仅会根据 $v_i + \sum_{j \neq i} b_j$ 与0的大小关系来确定适当策略 b_i ，控制联盟成立与否。如果 $v_i + \sum_{j \neq i} b_j \geqslant 0$ ，那么联盟成立对专利权人 i 是有利的，因此它有动机高报以使联盟成立，即 $b_i \geqslant v_i$ 。此时低报不仅不会使它获得任何好处，而且可能使联盟不成立，导致它只能获得0支付。相反如果 $v_i + \sum_{j \neq i} b_j < 0$ ，那么联盟成立对专利权人 i 是不利的，因此它有动机低报以使联盟不成立，即 $b_i \leqslant v_i$ 。此时高报不仅对他没有任何好处，且可能使联盟成立，导致它获得小于0的支付。由盈余报告规则，各专利权人同时申报，任何专利权人都不会知道其他人的申报值，因此申报时也就无法确定 $v_i + \sum_{j \neq i} b_j$ 与0的大小关系。那么兼顾上述两种情况出现的可能性，$b_i = v_i$ 成为所有专利权人的占优策略，即各专利权人都会如实报告联盟对其收益的影响。

其次，在各专利权人都实报收益的基础上，可进一步验证G-C机制的有效性。一方面，联盟在 $\sum_{i \in I} b_i \geqslant 0$ 的情况下成立，此时各专利权人支付同为 $v_i + \sum_{j \neq i} b_j = \sum_{i \in I} v_i \geqslant 0$ 。即当且仅当所有专利权人获得非负支付时联盟成立，联盟是帕累托改进的。另一方面，在 $\sum_{i \in I} b_i = \sum_{i \in I} v_i < 0$ 情况下联盟不成立，各

专利权人的支付为0。即当联盟是非帕累托改进的，则它在G－C机制下是不会成立，这使专利权人避免了遭受损失。

再次，该机制遵循了公平、自愿的原则。在联盟成立的情况下，各专利权人的支付同为 $\sum_{i \in I} v_i$ ，而联盟不成立的情况下，它们的支付同为0，这很好的体现了公平性。而如果专利权人 i 无论如何也不愿加入联盟，那么它可以报告 $b_i = -\infty$ 。即使该策略并非占优的，但也并不会使专利权人 i 受到惩罚，因此该机制是非强制的，也就是自愿的。

最后，虽然G－C机制能使专利权人说实话且是有效的，但政府的执行成本却非常高。在联盟成立的情况下，该机制使各专利权人获得的支付之和为 $n\sum_{j=1}^{n} v_j$ 。其中仅 $1/n$ 的部分，即 $\sum_{j=1}^{n} v_j$ 是由专利联盟创造的。而其余 $(n-1)/n$ 的部分则来源于政府补贴，补贴支出的金额为 $\sum_{i=1}^{n}\sum_{j \neq i} b_j = \sum_{i=1}^{n}\sum_{j \neq i} v_j = \sum_{i=1}^{n}\left[\sum_{j=1}^{n} v_j - v_i\right] = (n-1)\sum_{j=1}^{n} v_j$ 。可见，仅当专利权人数量比较小，而且政府对联盟所在产业发展支持力度很大时，这样的高额补贴支出才是可接受的。但如果专利权人数量较大，补贴支出将变得非常巨大而超出政府能承受的极限。因此，G－C机制是以高昂的社会成本为驱动的。

6.2.1.2　Clarke税

针对G－C机制补贴支出过高的缺陷，可通过引入Clarke税，在保持该机制诚实激励性与有效性的同时弥补高额补贴支出。根据博弈论基本原理，在参与博弈的人的支付函数中加入任何一个常数都不会影响他的战略选择[121]。也就是说，专利权人 i 的最优战略在支付函数为 $\pi_i(b)$ 和 $\pi_i(b)+C$ 的情况下相同，都是实报收益。进一步，将常数 C 置换为与专利权人 i 本人策略无关，而与其他专利权人 $j \neq i$ 策略相关的函数 $\alpha_i(b_{-i})$ ，仍不会影响专利权人 i 的战略选择。利用这一原理可设计如下Clarke税规则，抵消政府的高额补贴支出。

规则5，Clarke税规则。无论联盟是否成立，政府按公式6－8所示函数 $\alpha_i(b_{-i})$ 向各专利权人收缴税款。其中参数 $\beta \in [0,1]$ 为政府确定的政策变量。

$$\alpha_i(b_{-i}) = \begin{cases} \beta\sum_{j\neq i} b_j & \text{当}\sum_{j\neq i} b_j \geqslant 0 \\ 0 & \text{当}\sum_{j\neq i} b_j < 0 \end{cases} \tag{公式6-8}$$

规则1至规则5构成了一个包含Clarke税的完整G－C机制。将公式6－7代入公式6－8，可得到引入Clarke税规则后，G－C机制下各专利权人支付函数$\Pi_i(b)$，如公式6－9所示。

$$\Pi_i(b) = \pi_i(b) - \alpha_i(b_{-i}) = \begin{cases} v_i + (1-\beta)\sum_{j\neq i} b_j & \text{当}\sum_{i=1}^{n} b_i \geqslant 0,\ \sum_{j\neq i} b_j \geqslant 0 \\ v_i + \sum_{j\neq i} b_j & \text{当}\sum_{i=1}^{n} b_i \geqslant 0,\ \sum_{j\neq i} b_j < 0 \\ -\beta\sum_{j\neq i} b_j & \text{当}\sum_{i=1}^{n} b_i < 0,\ \sum_{j\neq i} b_j \geqslant 0 \\ 0 & \text{当}\sum_{i=1}^{n} b_i < 0,\ \sum_{j\neq i} b_j < 0 \end{cases} \tag{公式6-9}$$

公式6－9表明，在联盟成立或不成立的既定前提下，专利权人的报告仍不影响它本身的支付，其占优策略仍是实报收益。也就是说，Clarke税的引入并不会影响专利权人说真话的激励。在各专利权人实报收益的基础上，规则3仍可保证当且仅当联盟是帕累托改进的才能成立。因此Clarke税的引入也不会影响原机制的有效性。

公式6－9前两项为联盟成立情况下各专利权人的支付。在此情况下，如果某个专利权人之前根据规则4获得了一笔政府补贴，政府随后将依据规则5以税收形式收回比例为β的部分。而如果某专利权人根据规则4获得的是金额为负的补贴，那么规则5不会影响其支付。从政府角度来看，规则4使政府支出了金额为$(n-1)\sum_{j=1}^{n} v_j$的补贴，而规则5使政府通过Clarke税收回了金额为$\sum_{i=1}^{n}\beta\sum_{j\neq i} b_j = \sum_{i=1}^{n}\beta[\sum_{j=1}^{n} v_j - v_i] = \beta(n-1)\sum_{j=1}^{n} v_j$的补贴，由此政府补贴净支出金额为$(1-\beta)(n-1)\sum_{j=1}^{n} v_j$。也就是说，在联盟成立的情况下，Clarke税是政府补贴支出的补偿措施。β 反映了政府对专利联盟所在产业发展支持力度，β 越小表示补贴投入的金额越大。特别是，当 $\beta = 0$ 时政府将不征收 Clarke 税，完全承担高额补贴，而当 $\beta = 1$ 时政府的 Clarke 税收入恰好抵消补贴支出。

公式（6－9）后两项是联盟不成立情况下专利权人的支付。在此情况下，一些专利权人支付可能为负值，政府则相对通过规则 5 获得了税收收入。显然只有当 $\sum_{j \neq i} b_j \geq 0$ 且 $\sum_{i=1}^{n} b_i < 0$ 时，专利权人 i 才需要缴税，这时它的战略选择直接导致了联盟无法形成。也就是说，只有当某个专利权人成为群体中的“关键人”，即它的存在会改变其他人选择的结果，才需要缴纳 Clarke 税，而“非关键人”则不需缴税。进一步，由于垄断力量大的专利权人加入联盟会使自己受到损失，但会给其他专利权人带来收益，因此“关键人”地位与垄断力量是直接相关的。即一个专利权人的垄断力量越大，它越可能成为群体中的“关键人”。这时从专利权人角度来看，如果专利权人 i 是群体中的“关键人”，那么它的战略使其他专利权人损失了潜在收益 $\sum_{j \neq i} b_j$，并因此须缴纳 $\beta \sum_{j \neq i} b_j$ 的税款。也就是说，在联盟不成立的情况下，Clarke 税成为政府对垄断专利权人的惩罚措施。β 反映了政府对垄断的惩罚力度，β 越大表示政府对垄断的惩罚力度越大。特别是，$\beta = 0$ 表示政府出于鼓励创新等动机对垄断行为采取放任态度，$\beta = 1$ 则表示政府严格限制垄断，要求垄断者承担给其他厂商造成的全部损失。

6.3　本章结论

本章 6.1 节从专利权人有限理性角度和重复博弈出发，分别建立了对称与非对称专利联盟形成的进化博弈模型，得到了不同情况下的进化稳定策略。对称博弈分析表明：①专利联盟在高需求弹性市场上更容易形成；②在市场发展的初始阶段，专利权人加入联盟的承诺对联盟迅速形成有重要意义；③通过各种方式改变得益矩阵，保护和提高加入联盟的低价类型专利权人的利润，同时抑制高价类型专利权人的利润，是专利联盟形成的关键。非对称博弈分析表明：①促进产业成熟，鼓励产品市场的差异化竞争，可抑制纵向一体化企业的市场力量并促进联盟形成；②联盟收益分配向专业 R&D 企业倾斜可鼓励其加入，最终促进联盟形成；③纵向一体化企业有更强的动机加入联盟，因此鼓励专业 R&D 企业的纵向一体化扩张，有利于联盟形成。同时，对称博弈模型的结论在非对称情况下仍然成立。

在以上研究结论的基础上，政府还应健全和完善相关法规和配套服务。一方面，依据公平、合理、无歧视（FRAND）的基本许可原则健全相关法规，加强对专利联盟的指导。这样的法律法规如：强制联盟成员独立许可（CIL)；要求联盟在发布技术标准的同时声明已经过联盟成员确认的标准最高许可价格；要求联盟对外发布其中每个专利的合理许可费率；联盟协议的格式条款应包括，当且仅当其专利对联盟的技术来说是基本的，持有者自愿在合理、无歧视条件下提供对外许可等。另一方面，设立知识产权交易所（Intellectual Property Clearinghouses）等机构[31]，完善专利许可的配套服务。现实中，许多企业由于不熟悉专利许可业务，仅将取得的知识成果作为技术秘密使用，而不申请专利保护，甚至获得专利后也仅自用，而不用于对外许可。这种现象一方面使技术资源闲置浪费，没有充分发挥其营利能力；另一方面也使旨在打包许可的专利联盟失去了用武之地。而完善配套服务，使企业能方便地将不熟悉的专利许可业务交由专业的第三方来处理，则可以提高许可交易量，促进专利市场繁荣。

本章 6.2 节将专利联盟纳入公共产品的范畴分析，给出了一个联盟形成困境问题的解决方案。一方面，从本质和技术界定两个层面，分析了专利联盟的公共产品属性。在本质层面上，专利联盟能够同时提高相关专利权人的利润及消费者剩余，符合提高福利水平的社会共同需要，具备公共产品的根本属性。在技术界定层面上，专利联盟是非消耗品且改变市场结构，具备非排他性和非竞争性两点特征。但由于专利权人有“搭便车”的动机，联盟在一般市场机制下难以形成。另一方面，针对专利联盟形成困境设计了一个 G－C 机制，使专利权人如实报告联盟的影响，在公平自愿的基础上加入帕累托改进的联盟并排斥及否定非帕累托改进的联盟。进一步向该机制引入由政府灵活控制的 Clarke 税，以在联盟成立情况下（部分）抵消政府的高额补贴支出，在联盟不成立情况下对垄断专利权人实施惩罚。

但是需要注意的是，政府规划设计专利联盟时应避免两方面问题：一方面是防止替代专利进入联盟，替代专利进入联盟将消除许可价格竞争，由此提高各专利权人的许可利润[2]。因此从专利权人全体的角度来看，替代专利联盟是帕累托改进的，并能在 G－C 机制下形成。但由于这样联盟是反竞争，因此降低了消费者剩余。也就是说，在 G－C 机制下形成的专利联盟可能是降低社会福利的。因此政府应采取适当的控制措施，进一步确保联盟提高社会福利。如在初步设计时严格审查进入联盟中专利的互补性[14]，以及在联盟协议中引入关于强制独立许可（CIL）[8]条款等。另一方面是减少不完整联盟提案。不完整联盟由于会受到外部专利权人的阻碍，因此绝大多数情况下是非帕累托改进的，因此会被 G－C 机制否决。即不完整联盟提案最终不会使联盟形成，由此降低了 G－C 机制的执行效率。因此政府必须在设计时纳入所有基本专利，使预组建的联盟完整，提高 G－C 机制的执行效率。也就是说，政府设计的联盟既不能过大即包含替代专利，也不能过小即未包含全部基本专利，这样才能保证 G－C 机制执行效果的同时提高执行效率。

与跨国公司主导的国际专利联盟相比，我国自主专利联盟无论在数量上还是在质量上都处于发展初期阶段。我国自主专利联盟的建设一方面要加大核心专利的研发；但另一方面也要看到，随着我国企业技术能力的提高和拥有专利数量的增加，专利权人之间基于理性的策略性博弈也会导致联盟形成困境的严重化，对此也要有前瞻性的重视。专利联盟的形成困境目前之所以尚未构成严峻态势，主要原因有两个方面：一是我国已组建的专利联盟绝大部分是近年来受到跨国公司专利联盟打压以后痛定思痛的反击举措，因而专利权人的利益冲突被一致对外的合作意愿所暂时淡化；二是围绕标准组建的专利联盟其核心成员往往有浓厚的政府背景，为政府利用行政权力解决专利权人之间的交叉许可提供了便利条件。但可以预见，随着专利联盟体制的发展，在特殊时期特殊举措逐渐退出之后，专利权人之间复杂的利益博弈所导致的联盟的形成困境势必凸显出来，这是专利联盟的公共产品属性所决定的。本章给出了一种事前的预防机制，在市场机制的基础上，通过补贴和征税政策来改变专利权人的行为偏好，激励专利联盟形成。

第 7 章　结论与展望

专利联盟作为解决专利丛林问题的有效途径，近年来在国际产业竞争中的影响力不断扩大，且与事实技术标准设置地紧密结合，使其日趋成为高新技术产业化发展的主导范式。通过专利联盟这一新的战略联盟形式，联盟成员企业不仅实现了许可费收取范围扩大和总量增长，而且增强了企业核心竞争力。当前，知识经济在我国正迅速兴起，专利联盟对于产业快速发展乃至宏观经济运行都具有重要的意义。虽然国内的相关研究尚处于起步阶段，有待进一步发展和完善，但是也已取得了一些非常有价值的研究成果[122-140]。

一方面，由于 20 世纪以前专利联盟多为卡特尔垄断组织共谋限制竞争的工具，因此其促进竞争和反竞争效应的复杂交织，一直是各国公共政策关注的核心问题。同时，创新对长期社会福利的影响往往比静态市场效率要大得多，因此专利联盟的事前创新效应也是其效率性的重要方面。也就是说，专利联盟何时是提高竞争和鼓励创新（即提高效率）的，何时是反竞争和抑制创新（即降低效率）的，是学者们面临的首要问题。另一方面，尽管得到了各国政府的“善待”和经济学家们的支持，近年来成功组成的专利联盟数量却很少，还有一些联盟未包含用于某项技术或标准的全部基本专利，即是不完整的。这就是所谓的专利联盟“形成困境”问题。如何促进联盟成功建立，成为学者们面临的又一重大问题。针对以上问题，本书在总结了专利联盟历史发展与现实背景的基础上，主要研究了专利联盟的静态和动态效率的决定和影响因素，并探讨了专利联盟的形成条件并设计机制使有效率的专利联盟形成。

7.1 主要结论

本书围绕“竞争效应”“创新效应”“联盟形成”等专利联盟研究的“三大基本问题”，从不同切入点构建博弈模型，系统讨论了专利联盟本质和运营机理。围绕这些问题，研究主要结论如下。

①从内部规则的角度分析专利联盟的竞争效应。基于互补专利联盟模型，引入定价权分配这一内部规则的考虑，分析联盟定价权分配对社会福利的影响，并给出有效率的联盟定价权分配规则。结论表明：相对于无联盟情况，互补专利联盟总会提高社会福利；定价权由纵向一体化企业掌握的联盟能够更大幅度提高社会福利，但有可能无法形成；相反，定价权由专业 R&D 企业掌握的联盟提高社会福利的作用较弱，但联盟形成不受市场条件影响。

②从专利及产品关系的角度分析专利联盟的竞争效应。针对“上游许可专利，下游生产差异化产品”的纵向市场，构建了同时描述上游专利关系和下游产品关系的动态博弈模型，得出专利联盟提高社会福利的充要条件。结论表明，当且仅当上游专利的互补程度足够高时联盟才是提高福利水平的，但联盟总会提高专利权人的利润；联盟形成需要排除专利权人“搭便车”的动机；专利联盟的存在总会鼓励创新投资；一次性固定费用等与下游产量无关的许可费形式，可进一步提高社会福利；竞争产品生产商的联合降低社会福利，而互补产品生产商的联合提高社会福利，上游专利权人与下游生产商联合成纵向一体化企业总是提高社会福利的。

③以序贯创新为背景分析了专利联盟的创新效应。在序贯专利竞赛背景下构建了博弈模型，比较不同情况下企业研发投资和专利许可行为，得出联盟对各阶段研发强度的影响。结果表明，不受专利关系的影响，专利联盟总会提高各阶段研发强度，因此是鼓励创新的；且联盟能抑制领先者垄断市场的动机，提高外部参与者研发投资积极性；但仅当专利互补程度足够高时，联盟才能提高长期社会福利。

④以累进创新为背景分析专利联盟的创新效应。构建了一个企业研发投资随已产生专利数量变动的动态模型，得出联盟对企业各阶段均衡研发投资的影

响，并分析了许可费率及规模的影响。结果表明，联盟的存在解决了专利丛林问题，在联盟形成前使各企业均衡投资水平逐渐提高，并在联盟形成后使企业保持稳定的研发投资动机；许可费率越高（低）则被许可企业的均衡研发投资水平越低（高），而联盟存在一个最优许可费率，使成员专利价值和研发投资达到最大化；规模较大的联盟对潜在成员的研发激励效果更持久，规模较小的联盟的激励效果更强力。

⑤从专利权人的有限理性和重复博弈角度出发分析了专利联盟的形成，分别建立对称与非对称专利联盟形成的进化博弈模型。结果表明：专利联盟更容易在弹性高、竞争激烈的市场环境中形成；与事实标准建立以后相比，在事前组建的专利联盟形成可能性更大；通过多方途径保护和提高加入联盟的专利权人的利润，并抑制阻碍联盟的专利权人的利润，是促进联盟形成的关键；与专业 R&D 企业相比，纵向一体化企业有更强的动机加入联盟。同时，健全与完善相关法规及配套服务，对联盟形成也是有益的。

⑥将专利联盟纳入公共产品的范畴分析，给出联盟“形成困境”问题的解决方案。首先，从本质和技术界定两个层面分析了专利联盟的公共产品属性，证明专利联盟是一种公共产品。其次，设计了一个 G－C 机制，它使专利权人如实报告联盟的影响，在公平自愿的基础上加入帕累托改进的联盟并否决非帕累托改进的联盟。再次，向 G－C 机制中引入 Clarke 税，在联盟成立的情况下抵消政府的高额补贴支出，在联盟不成立情况下惩罚垄断专利权人。最后，指出政府在设计专利联盟时须注意的问题。

7.2　研究展望

本书对专利联盟的竞争效应、创新效应和形成问题进行了研究，并取得了一些研究成果。由于本人的能力和篇幅的限制，仅在该领域做了初探性研究，还存在一定的不足。这一方面是由于作者资源所限，没有充足的资源进行相应的调查；另一方面也由于我国大部分企业在专利联盟构建中还处于起步阶段，对于怎样构建专利联盟、怎样管理专利联盟还缺乏相应的实践经验和战略指导。由于专利联盟构建与治理涉及多个企业的互动和协调问题，复杂性较高，致使在企业当中开展大样本的纵向研究，目前开展起来还比较吃力。有些重要问题没有考虑和探讨，本书在以下方面还有待进一步完善。

①应加强相关的实证和案例研究。虽然目前专利联盟已成为一种非常重要的经济组织，但是对其研究仍十分匮乏，尤其是相关实证文献非常有限(Lerner等 2007)[42]。我们仅搜索到 Lerner 等（2007)[42]、Lampe 和 Moser(2008，2009)[26-27]及 Layne - Farrar 和 Lerner（2008)[32]等4 篇相关实证文献。由于众多复杂因素可能影响专利联盟的形成和作用，单纯以规范的模型解析难以完全洞察。而运用实证和案例分析的方法，可以更直接的观察到这些因素的影响，其结论还能够对规范分析的进一步发展提供指引，对制定专利联盟政策也具有重要的现实意义。

②应注意对专利联盟与相关组织形态的比较研究。形成事实标准（de facto standard)，是现代专利联盟的最重要作用之一。Lerner 和 Tirole（2004）指出，专利联盟与正式及半正式的标准设置组织（SSO）的作用是极为相似的，对二者的比较研究非常重要，且该研究展望了二者的比较问题[8]。又如 Aoki(2006)[87]指出专利联盟、知识产权交易所和版权联合体都有相似的提高技术许可市场效率的作用，但这些组织有各自的经济特点，适用的情况是不同的。比较这些组织形态的异同和演变趋势，对专利联盟各方面问题的深入剖析有重大价值。引入 SSO 研究中网络外部性、信息不对称和品种简化形成专利聚点和专利数临界容量等因素的考虑，将有利于对专利联盟进行更深入的剖析。

③应进一步研究由专利联盟所支持的技术标准之间的竞争问题。实际上，由专利联盟推动的技术标准的竞争是信息时代的一种竞争形式，并且这种竞争相比传统的竞争方式更加激烈，索尼和东芝之间的下一代 DVD 标准之争就是一个明显的例子。虽然我国的 TD - SCDMA 专利联盟推动的第三代移动通信技术标准 TD - SCDMA 已经开始了商业化运营阶段，但是仍然面临着来自于技术标准竞争的挑战。中国的第三代移动通信共有 TD - SCDMA 、CDMA2000、WCDMA 三种技术标准在商业化运行，哪一种标准将获得最终胜利还未可知。对该问题的深入探讨，将有利于进一步认清专利联盟的本质与影响。

参考文献

［1］Brenner S.. Optimal formation rules for patent pools［J］. Economic Theory，2009，40（3）：373－388.

［2］Shapiro C.. Navigating the Patent Thicket：Cross Licenses，Patent Pools and Standard－Setting［C］. NBER Conference on Innovation Policy and Economy，2001：119－150.

［3］Heller M.，Eisenberg R.. Can Patents deter Innovation? The Anticommons in Biomedical Research［J］. Science，1998，280（2）：698－701.

［4］Blind K.. 标准经济学—理论、证据与政策［M］. 北京：中国标准出版社，2006.

［5］Serafino D.. Survey of Patent Pools Demonstrates Variety of Purposes and Management Structures［R］. KEI Research Note，2007.

［6］David P. A.，Greenstein S.. The Economics of Compatibility Standards：An Introduction to Recent Research［J］. Economics of Innovation and New Technology，1990（1）：3－41.

［7］Clarkson G.. Objective Identification of Patent Thickets：A Network Analytic Approach［D］. Harvard Business School Doctoral Thesis，2004.

［8］Lerner J.，Tirole J.. Efficient Patent Pools［J］. American Economic Review，2004，94（3）：691－711.

［9］工业和信息产业部. TD 专利联盟简介［DB/OL］.（2000－11－15），［2014－07－09］. http：//www.tdscdma－alliance.org/aboutus/jianjie.asp.

［10］工业和信息产业部. 中国移动创新—3G 元年中国移动 TD－SCDMA

发展的最佳注脚［EB/OL］.（2010－06－06），［2014－11－06］. http：//www. tdscdma－alliance. org/view. asp？id＝735.

［11］工业和信息产业部. 中国9大彩电商缔结专利联盟［DB/OL］.（2005－03－13），［2014－12－01］. http：//finance. sina. com. cn/roll/20050530/024990174. shtml.

［12］张运生，张利飞. 高技术产业技术标准联盟治理模式分析［J］. 科研管理，2007，28（6）：93－97.

［13］Kim S. H.. Vertical Structure and Patent Pools［J］. Review of Industrial Organization，2004，25（3）：231－250.

［14］Kato A.. Patent pool enhances market competition［J］. International Review of Law and Economics，2004，24（2）：255－268.

［15］Quint D.. Economics of Patent Pools when Some（but not all）Patents are Essential［R］. Working paper，University of Wisconsin－Madison，2009.

［16］李玉剑，宣国良. 专利联盟：战略联盟研究的新领域［J］. 中国工业经济，2004，191（2）：48－54.

［17］洪结银. 专利池的经济效率和反垄断规制［J］. 产业经济研究，2008，33（2）：26－34.

［18］朱振中，吴宗杰. 专利联盟的竞争分析［J］. 科学学研究，2007，25（1）：110－116.

［19］徐明华，陈锦其. 专利联盟理论及其对我国企业专利战略的启示［J］. 科研管理，2009，30（4）：162－167.

［20］Denicolo V.. Two－stage Patent Races and Patent Policy［J］. RAND Journal of Economics，2000，31（3）：488－501.

［21］Denicolo V.. Sequential Innovation and The Patent Antitrust Conflict［J］. Oxford Economic Papers，2002，54（4）：649－668.

［22］Dequiedt V.，Versaevel B.. Patent Pools and the Dynamic Incentives to R&D［R］. De Travail Working Paper，2007：3－7.

［23］Aoki R.，Ménière Y.. Collective Innovation in a Standard Setting Context［R］. Working Paper，Hitotsubashi University，Mines ParisTech，2008.

[24] Kwon Young – Kwan, Kim Yeonbae, Kim Tai – Yoo. Effects of Patent Pools On Innovation Investment – Ex Ante Perspectives [J]. Journal of Business & Economics Research, 2008, 6 (7): 27 –42.

[25] Llanes G., Trento S.. Patent policy, patent pools and the accumulation of claims in sequential innovation [R]. Harvard Business school Working Paper, 2009: 5 –10.

[26] Lampe R., Moser P.. Do Patent Pools Encourage Innovation? Evidence from the 19th – Century Sewing Machine Industry [R]. Working Paper, Stanford University, 2008.

[27] Lampe R., Moser P.. Patent Pools and the Direction of Technical Change: Evidence from the 19th – Century Sewing Machine Industry [R]. Working Paper, Stanford University, 2009.

[28] Aoki R., Nagaoka S.. The consortium standard and patent pools [J]. The Economic Review, 2004, 55 (3): 346 –356.

[29] Aoki R., Nagaoka S.. Coalition formation for a consortium standard though a standard body and a patent pool: Theory and evidence from MPEG2, DVD and 3G [R]. Working Paper, Institute of Innovation Research, University of Auckland, 2005.

[30] Aoki R., Nagaoka S.. Formation of a Pool with Essential Patents [R]. Working Paper, Institute of Innovation Research, Hitotsubashi University, 2006.

[31] Aoki R.. Clearing Houses and Patent Pools: Access to Genetic Patents [R]. Working Paper, University of Auckland, 2006.

[32] Layne – Farrar A., Lerner J.. To Join Or Not To Join: Examining Patent Pool Participation and Rent Sharing Rules [R]. Working paper, LECG Consulting, Harvard University, 2008.

[33] Lévêque F., Ménière Y.. Early commitments help patent pool formation [R]. PIE/CIS Discussion Paper, 2008.

[34] Department Of Justice, Federal Trade Commission. Antitrust Guidelines for the Licensing of Intellectual Property [DB/OL]. (1995 –07 –14), [2014 –

11 - 13]. http://www.ftc.gov/bc/0558.pdf.

[35] Ekenger R.. The Rationale for Patent Pools and Their Effect on Competition [D]. Faculty of Law University of Lund, 2003.

[36] Merges R.. Contracting into Liability Rules: Intellectual Property Rights and Collective Rights Organizations [J]. California Law Review, 1996, 84 (5): 1293 - 1393.

[37] Merges R.. Institutions for Intellectual Property Transactions: The Case of Patent Pools [R]. Working paper, University of California at Berkeley, 1999.

[38] Carlson S.. Patent Pools and the Antitrust Dilemma [J]. Yale Journal on Regulation, 1999, 16 (2): 359 - 399.

[39] 李玉剑. 专利联盟：战略联盟研究的新领域 [M]. 上海：复旦大学出版社, 2006: 1 - 2.

[40] Gilbert R.. Antitrust for Patent Pools: A Century of Policy Evolution [J]. Stanford Technology Law Review, 2004, 3 (1): 1 - 49.

[41] Lerner J., Strojwas M., Tirole J.. The Structure and Performance of Patent Pools: Empirical Evidence [R]. Working Paper, Harvard University and University of Toulouse, 2002.

[42] Lerner J., Strojwas M., Tirole J.. The Design of Patent Pools: The Determinants of Licensing Rules [J]. Rand Journal of Economics, 2007, 38 (3): 610 - 625.

[43] Schmidt M.. Licensing Complementary Patents and Vertical Integration [R]. Working Paper, University of Munich, 2006.

[44] Schmidt M.. Complementary Patents and Market Structure [R]. Working Paper, University of Munich, CESifo and CEPR, 2008.

[45] Kinokuni H., Ohkawa T., Okamura M.. Patent Pools and the Allocation Rule [R]. Working Paper, Ritsumeikan University and Hiroshima University, 2008.

[46] Reinganum J.. Uncertain Innovation and the Persistence of Monopoly [J]. The American Economic Review, 1983, 73 (4): 741 - 748.

[47] Clark D., Konrad K.. Fragmented Property Rights and Incentives for

R&D [J]. Management Science, 2008, 54 (5): 969 - 981.

[48] Chu A. C.. A Generalized Quality - Ladder Growth Model with Overlapping Intellectual Property Rights: Quantifying the Effects of Blocking Patents on R&D [R]. Paper of MPRA, 2007: 46 - 55.

[49] Cayseele P., Reynaerts J.. Complementary platforms [R]. Working paper, Katholieke University, 2007.

[50] Dequiedt V., Meniere Y., Trommetter M.. Collective Management of Intellectual Property Right [R]. Working Paper, University Pierre Mendes France, 2007.

[51] Maskin E.. Bargaining, Coalitions and Externalities [R]. Presidential address to the Econometric Society, 2003.

[52] Ray D., Vohra R.. A Theory of Endogenous Coalition Structures [J]. Games and Economic Behavior, 1999, 26 (2): 286 - 336.

[53] Gilbert R.. Ties that Bind: Policies to Promote (Good) Patent Pools [R]. UC Berkeley, Competition Policy Center, 2009.

[54] Langinier C.. Patent Pool Formation and Scope of Patents [R]. Working Paper, Iowa State University, 2007.

[55] Razgaitis S.. US/Canadian licensing in 2003: survey results [J]. Journal of the Licensing Executive Society, 2004, 34 (2): 139 - 151.

[56] Gambardella A., Giuri P., Luzzi A.. The Market for Patents in Europe [J]. Research Policy, 2007, 36 (8): 1163 - 1183.

[57] Cassiman B., Veugelers R.. In Search of Complementarity in the Innovation Strategy: Internal R&D and External Knowledge Acquisition [J]. Management Science, 2006, 52 (1): 68 - 82.

[58] Serafino D.. Survey of Patent Pools Demonstrates Variety of Purposes and Management Structures [R]. KEI Research Note, 2007.

[59] Bekkers R., Iversen E., Blind K.. Patent Pools and Non - ssertion Agreements: Coordination Mechanisms for Multi - party IPR Holders in Standardization [C]. Paper for the EASST 2006 Conference, Lausanne, Switzerland, 2006.

[60] 宁立志，胡贞珍. 美国反托拉斯法中的专利权行使 [J]. 法学评论，2005，133 (5)：141 - 153.

[61] Vaughan L.. The Economics of Our Patent System [M]. New York：MacMillan，1925.

[62] Vaughan L.. The United States Patent System：Legal and Economic Conflicts in American Economic History [M]. Norman：University of Oklahoma Press，1956.

[63] 工业和信息产业部. TD - SCDMA 专利联盟简介 [EB/OL]. (1999 - 06 - 11)，[2014 - 10 - 29]. http：//www. miit. gov. cn/ n11293472/n11293877/n12163738/n12163787/12180772. html.

[64] 工业和信息产业部. 什么是 3G [EB/OL]. (2004 - 09 - 10)，[2014 - 10 - 29]. http：//www. miit. gov. cn/n11293472/n11293877/n12163738/n12163802/12164933. html20090311.

[65] 工业和信息产业部. TD - SCDMA 标准的提出 [EB/OL]. (2000 - 03 - 14)，[2014 - 10 - 29]. http：//www. miit. gov. cn/n11293472/n11293877/n12163738/n12163802/12164917. html20090311.

[66] 工业和信息产业部. 什么是 TD - SCDMA [EB/OL]. (2009 - 04 - 06)，[2014 - 10 - 29]. http：//www. miit. gov. cn/ n11293472/n11293877/n12163738/n12163802/12164925. html.

[67] 中国电子报社. TD - SCDMA 产业十年发展历程 [M]. 北京：电子工业出版社，2008.

[68] Chen Xin，Yu Xiang. Patent Pool and International Competency of Chinese Manufacturing Industry - An Example from DVD Industry [C]. In：Wu X. et al. Proceedings of the First International Symposium on Global Manufacturing and China，Institute for Manufacturing，University of Cambridge，UK，2006：299 - 303.

[69] 陈益强，刘东华. AVS 移动视频标准及其产业化 [J]. 电信工程技术与标准化，2005，12 (12)：1 - 4.

[70] 黄铁军，高文. AVS 标准制定背景与知识产权状况 [J]. 数字电视与数字视频，2005，7 (7)：4 - 7.

[71] 黄铁军. 以 AVS 为例谈专利私权和标准公权的平衡 [J]. 标准与知识产权, 2005, 7 (7): 40 - 43.

[72] 王文静. 中国彩电业: 专利亮剑 [J]. 中国数字电视, 2010, 63 (1): 62 - 63.

[73] 卜曙光. 基于专利联盟的我国彩电企业后发优势研究 [D]. 西安: 西安电子科技大学, 2009.

[74] Thumm N.. Patents for genetic inventions: A tool to promote technological advance or a limitation for upstream inventions [J]. Technovation, 2005, 25 (1): 1410 - 1417.

[75] Hall H., Ziedonis R.. The Patent Paradox Revisited: An Empirical Study of Patenting in the U. S. Semiconductor Industry, 1979—1995 [J]. RAND Journal of Economics, 2001, 32 (4): 101 - 128.

[76] Bawa R., et al.. Protecting new ideas and inventions in nanomedicine with patents [J]. Nanomedicine: Nanotechnology, Biology and Medicine, 2005, 1 (1): 150 - 158.

[77] Roycroft W., Kash D.. The Complexity Challenge: Technological Innovation for the 21st Century [M]. Francis Pinter, London, 1999.

[78] Ziedonis R.. Don't Fence Me In: Fragmented Markets for Technology and the Patent Acquisition Strategies of Firms [J]. Management Science, 2004, 50 (6): 804 - 820.

[79] Cassiman B., Veugelers R.. In Search of Complementarity in the Innovation Strategy: Internal R&D and External Knowledge Acquisition [J]. Management Science, 2006, 52 (1): 68 - 82.

[80] Razgaitis S.. US/Canadian licensing in 2003: survey results [J]. Journal of the Licensing Executive Society. 2004, 34 (2): 139 - 151.

[81] Clarkson G.. Patent Informatics for Patent Thicket Detection: A Network Analytic Approach for Measuring the Density of Patent Space [R]. Working Paper, University of Michigan, 2005.

[82] Graevenitz G., Wagner S., Harhoff D.. Incidence and Growth of Patent

Thickets – The Impact of Technological Opportunities and Complexity [R]. CEPR Discussion Paper, 2008.

[83] Graevenitz G., Wagner S., Harhoff D.. How to measure patent thickets Anovel approach [R]. Working Paper, Munich School of Management, 2008.

[84] Galasso A., Schankerman M.. Patent Thickets and the Market for Innovation: Evidence from Settlement of Patent Disputes [R]. NBER Working Paper, 2008.

[85] Cockburn L., MacGarvie M., Muller E.. Patent Thickets, Licensing and Innovative Performance [R]. Working Paper, Boston University School of Management, 2009.

[86] Aoki R.. Clearing Houses and Patent Pools: Access to Genetic Patents [R]. Working Paper, University of Auckland, 2006.

[87] Chiao B., Lerner J., Tirole J.. The Rules of Standard Setting Organizations: An Empirical Analysis [J]. Rand Journal of Economics, 2007, 38 (4): 905 – 930.

[88] 斯蒂芬·马丁. 高级产业经济学 [M]. 上海: 上海财经大学出版社, 2003.

[89] Scherer F., Ross D.. Industrial Market Structure and Economic Performance [M]. Chicago: Chicago press, 1970.

[90] Stigler G.. The Organization of Industry [M]. Chicago: University of Chicago Press, 1968.

[91] Damien J., Roller L. H.. Consumer surplus vs. welfare standard in a political economy model of merger control [J]. International Journal of Industrial Organization, 2005, 23 (1): 829 – 848.

[92] Claes F., William R.. Industrial Organization and Consumer Satisfaction Dissatisfaction [J]. The Journal of consumer research, 1983, 9 (3): 403 – 412.

[93] Demsetz H.. Industry Structure, Market Rivalry and Public Policy [J]. Journal of Law and Economics, 1973, 16 (1): 1 – 9.

[94] Filippini L.. Cournot competition among multi – product firms: speciali-

zation through licensing [R]. Working Paper, Cattolica University, 2005.

[95] Ferreira A., Ferreira F., Pinto A.. Unknown costs in a duopoly with differentiated products [J]. Mathematical Methods in Engineering, 2007 (5): 359-369.

[96] Symeonidis G.. Comparing Cournot and Bertrand equilibria in a differentiated duopoly with product R&D [J]. International Journal of Industrial Organization, 2003, 21 (1): 39-55.

[97] 查尔斯·琼斯. 经济增长导论 [M]. 北京：北京大学出版社，2002.

[98] 约瑟夫·熊彼特. 经济发展理论 [M]. 北京：商务印书馆，1991.

[99] Arrow K.. Economic Welfare and the Allocation On Resources for Invention [M]. Chicago: The University of Chicago Press, 2002.

[100] Demsetz H.. Information and Efficiency: Another Viewpoint [J]. Journal of Law and Economics, 1969 (12): 1-22.

[101] Kamien M.. Market Structure and Innovation [M]. Cambridge: Press Syndicate of the University of Cambridge, 1982.

[102] Kamien M., Nancy L. S.. Market Structure, Elasticity of Demand and Incentive to Invent [J]. Journal of Law and Economics, 1970, 13 (1): 241-252.

[103] Kamien M., Nancy L. S.. Timing of Innovations under Rivalry [J]. Econometrica, 1972, 40 (1): 43-60.

[104] Kamien M., Nancy L. S.. Market Structure and Innovation: A Survey [J]. Journal of Economic Literature, 1975, 13 (1): 1-37.

[105] Kamien M., Nancy L. S.. On the Degree of Rivalry for Maximum Innovative Activity [J]. Quarterly Journal of Economics, 1976, 90 (2): 245-260.

[106] Kamien M., Nancy L. S.. Self financing of an R&D Project [J]. American Economic Review, 1978, 68 (4): 252-261.

[107] Kamien M., Nancy L. S.. Potential Rivalry, Monopoly Profits and the Pace of Inventive Activity [J]. Review of Economic Studies, 1978, 45 (1): 547-557.

[108] Kamien M., Nancy L. S. . Market Structure and Innovation [M]. Cambridge: Cambridge University Press, 1982.

[109] Lee T., Wilde L. . Market Structure and Innovation: a Reformulation [J], Quarterly Journal of Economics, 1980, 94 (2): 429-436.

[110] 詹映，朱雪忠，长平彰夫. 专利池的形成之困：基于博弈分析的一种新解释 [J]. 中国软科学，2009，122 (11): 44-52.

[111] Franzinger M. R. . Latent Dangers in a Patent Pool: The Eruopean Commission's Approval of the 3G Wireless Technogy Licensing Agreements [J]. California Law Review, 2003, 91 (3): 1695-1727.

[112] 谢识予. 经济博弈论（第三版）[M]. 上海：复旦大学出版社，2007.

[113] 吴昊，杨梅英，陈良猷. 合作竞争博弈中的复杂性与演化均衡的稳定性分析 [J]. 系统工程理论与实践，2004，97 (2): 90-94.

[114] Nelson P. . Panten pools: an economic assessment of current law and policy [J]. Rutgers Law Journal, 2007, 38 (2): 539-572.

[115] 乔治·恩德勒. 面向行动的经济伦理学 [M]. 上海：上海社会科学院出版社，2002.

[116] Samuelson P. . The pure theory of public expenditure [J], Review of Economic and Statistics, 1954, 36 (4): 387-389.

[117] Groves T. . Incentives in teams [J]. Econometrica, 1973, 41 (1): 617-631.

[118] Groves T., Ledyard J. . Optimal allocation of public goods: A Solution to the 'Free Rider Problem' [J]. Econometrica, 1977, 45 (1): 783-809.

[119] Clarke H. . Multipart Pricing of Public Goods [J]. Public Choice, 1971, 11 (3): 17-33.

[120] Clarke H. . Some Aspects of the Demand Revealing Process [J]. Public Choice, 1973, 29 (1): 37-49.

[121] 蒋殿春. 高级微观经济学 [M]. 北京：北京大学出版社，2006.

[122]，刘林青，谭力文. 专利竞争优势的理论探源 [J]. 中国工业经济，2005，99 (11): 89-94.

［123］刘林青，谭力文，赵浩兴. 专利丛林、专利组合和专利联盟—从专利战略到专利群战略［J］. 研究与发展管理，2006，18（4）：83－89.

［124］任声策，宣国良. 专利联盟中的组织学习与技术能力提升—以NOKIA为例［J］. 科学学与科学技术管理，2006，147（9）：96－102.

［125］任声策. 专利联盟中企业的专利战略：基于联盟要件的考察［J］. 研究与发展管理，2008，20（3）：95－99.

［126］任声策，尤建新. 专利联盟成员的专利许可投入决策研究［J］. 科研管理，2009，30（2）：77－83.

［127］任声策，宣国良. 技术标准中的企业专利战略：一个案例分析［J］. 科研管理，2007，28（1）：53－59.

［128］任声策，宣国良. 企业专利诉讼行为及其影响机制分析［J］. 知识产权，2006，34（2）：41－46.

［129］任声策，宣国良. 国外企业专利行为分析［J］. 情报科学，2006，24（9）：1286－1291.

［130］任声策. 专利联盟中企业的专利战略研究［D］. 上海：上海交通大学，2007.

［131］张文莉. 专利联盟许可行为的博弈分析［J］. 运筹与管理，2007，16（4）：153－156.

［132］陈欣，刘丽娜. 专利联盟垄断问题的经济学分析［J］. 经济问题探索，2005，148（12）：42－44.

［133］陈欣. 国外企业利用专利联盟运作技术标准的实践及其启示［J］. 科研管理，2007，28（4）：23－29.

［134］陈欣. 专利联盟理论研究与实证分析［D］. 武汉：华中科技大学，2006.

［135］杜晓君. 专利池：高新技术产业发展和竞争的主导范式［J］. 经济理论与经济管理，2007，250（10）：32－36.

［136］李再扬，杨少华. GSM：技术标准化联盟的成功案例［J］. 中国工业经济，2003，247（7）：89－95.

［137］李玉剑，宣国良. 标准与专利之间的冲突与协调：以 GSM 为例

[J]. 科学学与科学技术管理，2005，26（2）：43-47.

[138] 李玉剑，宣国良. 专利联盟反垄断规制比较研究 [J]. 知识产权，2004，5（5）：52-55.

[139] 李玉剑，宣国良. 专利联盟与专利使用效率的提高 [J]. 科学学研究，2005，23（4）：513-516.

[140] 李玉剑，累积创新环境下专利联盟的形成研究 [D]. 上海：上海交通大学，2005.